U0796421

汽车销售总监的实战手记

李雪　李宁义◎著

地震出版社
Seismological Press

图书在版编目（CIP）数据

汽车销售总监的实战手记 / 李雪，李宁义著 .
-- 北京 : 地震出版社，2022.3
ISBN 978-7-5028-5265-8

Ⅰ . ①汽… Ⅱ . ①李… ②李… Ⅲ . ①汽车—销售
Ⅳ . ① F766

中国版本图书馆 CIP 数据核字 (2021) 第 265904 号

地震版　XM4770/F（6225）

汽车销售总监的实战手记
李雪　李宁义　著

责任编辑：李肖寅
责任校对：凌　樱

出版发行：地震出版社
北京市海淀区民族大学南路 9 号　　邮编：100081
发行部：68423031　68467991　　传真：68467991
总编室：68462709　68423029
证券图书事业部：68426052
http：//seismologicalpress. com
E-mail：zqbj68426052@ 163. com
经销：全国各地新华书店
印刷：固安县保利达印务有限公司

版（印）次：2022 年 3 月第一版　2022 年 3 月第一次印刷
开本：710 × 960　1/16
字数：211 千字
印张：13.75
书号：ISBN 978-7-5028-5265-8
定价：45.00 元
版权所有　翻印必究
（图书出现印装问题，本社负责调换）

序　言

一名汽车销售人员应该具备什么样的能力素质？一支销售团队应该呈现出什么样的精神面貌？汽车行业的销售人员销售的核心是什么？是产品？是技巧？是流程？都对，但也都不对，销售的核心其实就是和人打交道。明确自身优势，研究对手特质，是销售人员最应该做的事情。销售是博弈，同时也是合作，是双赢。

在销售中，产品是第二位的，第一位的永远是销售人员自己，只有将自己成功销售给客户，才是最大的成功。当客户认可了我们之后，自然会认可我们推荐的产品及提供的服务。反之，当客户拒绝我们的时候，我们就需要思考一下，是否是我们自身出现了什么问题，从而导致客户无法信任自己。在通常所说的销售三要素——客户信心、需求、购买力中，我们很难决定客户的购买力，但可以在一定程度上影响客户的需求，最重要的还是客户信心，这是我们在工作中应该重点突破的地方。客户对品牌、产品、经销商是否有信心？客户对我们是否有信心？作为销售人员，我们应该经常审视一下自身，看看自己能否让客户感兴趣，能否让客户喜欢，能否被客户信任。

如今，汽车销售已经成为一个高度专业化、高难度、高技能、高技巧的职业。要想实现从新手向高手的蜕变，我们不仅要学会挖掘客户内心的需求，实现与客户的高效沟通，还要掌握恰如其分的产品介绍技巧，让产品的卖点成功俘获客户的“芳心”。我们既要做好客户试乘、试驾的引导服务，又要掌握化解客户异议的话术、技巧；既要灵活运用快速成交的策略，又要掌握跟踪和回访客户的技术。因此，汽车销售是一个高付出、高回报的职业，我们要想练就一身“神功”，除了需要实践的打磨，还需要“魔法”的引导。

本书从资深汽车销售总监的角度出发，结合常见的销售情景，以“三根魔杖”的形式，详细介绍了汽车销售的技巧与话术，并结合案例阐释了这“三根魔杖”的应用方法。

1.“潜力魔杖”：“能力+目标”是成功销售的基石

帮助你快速精准地完成现有目标，实现销售管理的标准化。

2.“突破魔杖”：“资源+创新”是开辟销售新战线的有力武器

帮助你快速突破销售瓶颈，应对日益严酷的市场竞争环境。

3.“未来魔杖”：“组织重塑+流程优化”是创建全新生态的有效方法

帮助你活学活用，成功开启汽车销售的财富大门。

有了这“三根魔杖”，就能将理论与实践相结合，了解汽车销售的基本知识，以及专业的管理方法与实战技巧。专业知识、实例、经验、感悟、日常管理，从作者的这些讲述中，你将看到一名成功的汽车销售总监是如何解决工作中遇到的各种问题，并带领团队不断精进的。书中提到的每一个问题都有具体的解决方案，这是一本具有较强指导意义的汽车销售方法读本。

总之，本书以一线汽车销售总监的实战经验为基础，分享业内成功人士的优秀案例；以销售人员关心的实际问题为导向，为广大销售人员提供各种工作问题的解决之道；解析涵盖不同实战场景中可能用到的销售技巧和话术，并深入解读客户的行为和心理，让汽车销售人员做到知己知彼。

现在，就让我们手握这“三根魔杖”，抛开那些令人昏昏欲睡的心灵鸡汤和空洞、高调的口号，以实实在在的、已被一线汽车销售总监证明的实战销售方法，敲开销售殿堂的大门。

希望你能够通过阅读本书，找到解决现实问题的答案并从中受益。

目 录

第一篇

“潜力魔杖”：
“能力+目标”是成功销售的基石

魔杖应用案例 1　发掘下属无穷潜力

每个人、每个团队，对自己的能力都有一个认知与判断。通常，我们会认为某些任务是自己可以完成的，而另一些任务是自己无法完成的，甚至在尝试挑战困难之前，我们就已经在内心深处告诉自己：我不行！但实际上，我们每个人对于自身的认知都存在“盲目区”和“未知区”，在这两个区域里，可能蕴含着不为人知的潜能。因此，在对自己的能力进行判断的时候，我们要勇于相信自己，要在适当的时候逼一下自己，敢于挑战困难。也许，我们的潜力就在挑战的过程中被激发出来了。

案例故事：二级销售网点如何打造精英团队

销售经理李杰一边和孙总监通着电话，一边摆弄着手里的辞职报告，这是他手下仅有的两位销售顾问中的一位提交的。作为山东某市豪华汽车品牌的二级销售网点负责人，他现在感到工作压力很大。透过玻璃门，李杰看了看仅剩的销售顾问赵元，更是气不打一处来。

只见赵元散漫地跟在一组客户的身后，围着两台展车转了两圈，时不时地偷看一眼手机，手指快速地敲击着，似乎在向谁回复着什么信息。就连客户回身发问，他也只是抬抬眼皮，漫不经心地答复着。李杰不用猜都知道，赵元肯定又是只向客户简单报个价格，就不再做其他工作了。

“孙总监，我真不是和您抱怨，现在的年轻人真是太难管理了，我的销售团队就剩俩人了，招人别提多难了。”李杰本打算说完这句话就去招呼客户，可是注意力又被电话那头拉了回来，连忙解释着，“不是我骂走的，真的，我都好几天没和他们大声说话了。再说，我平时对他们要求严格一点也没错吧？您是没看见，他们那个状态，和我刚进入车行的时候相比差远了，手里抱着个本子，围着展车打转，就会报个价格，别的一句话都不愿多说。我被他们气得够呛，再这样下去我看下一个递辞职信的就是我了。”李杰越说越激动，推开门用眼睛瞪着赵元，并抬手指了指他手中的手机。赵元一个激灵，赶忙把手机揣回兜里。

电话那头不吭声，李杰反手关了门，坐回座位上，笑嘻嘻地解释着：“我不是吓唬您，跟您这么多年了，您还不了解我吗？我就是抱怨两句，我知道这是我管理的问题，可是不瞒您说，我对他们够好的了，饭也请了，奖励也发了，天气热我还给他们买冷饮，就差端茶递水了。您说，他们一个个的就是不求上进。我还希望这个月的销售能拿个好成绩呢，现在我孤掌难鸣，有点力不从心呀。”感觉孙总监的情绪不高，李杰赶紧转换话题，说：“孙总监，真是的，您天天这么忙还得为我操心。就像您说的，这可能是刚起步的原因，慢慢地就好起来了。您还真别说，我们集团选址还是挺好的，客流一直都不错，客户质量也很高。哦，对了，您要的赵元的简历我给您发过去了。小伙子人挺不错，就是太年轻了。”李杰自顾自地呵呵傻笑：“那好，孙总监，您忙您的，再见。”

挂断电话，李杰看了一眼赵元，只见他刚送走了客户，正瘫坐在座椅上。李杰的火更大了，大喝一声，把赵元叫进了办公室。

“赵元，刚才客户什么情况？你现在送客户离店的速度倒是越来越快了，是不是？我说过多少次了，我们是企业正规的二级经销网点，你拿出点专业素质来行不行？休息区的座椅是给你养生用的吗？客户看了那么久的车，你就连杯水都懒得倒，是不是？”李杰劈头盖脸就是一顿训斥。赵元只是低着头听着，看得出来，这样的场面他见多了，对这位老领导的火气也已经免疫了。过了半晌，他小声地嘟囔了一句：“客户说价格太高了，说再看看就走了。”李杰说：“我可告诉你，今天孙总监已经把你的简历要走了，再这样下去，何去何从你自己看着办，到时候别说我不保你，还不快给客户打回访电话去！”赵元如获大赦，灰溜溜地退了出去，刚要关门，就被李杰喝止住了：“开着门，你就在桌子那里打，我能听见，不许坐在车里！”

看着打回访电话的赵元，李杰心里有点不踏实，他想：我今天的抱怨不会对他的前途有什么影响吧？不行，今天说得有点过了，还是得美言两句。李杰犹豫了半分钟，思量着应该怎么说，最后还是拨通了孙总监的电话。

案例情境解析

1. 从销售总监的角度来看

（1）希望团队稳定。

孙总监对于新成立的汽车二级销售网点还是非常关注的，百忙之中还会关注二级销售网点销售团队的建设情况。对于销售总监来说，二级销售网点就是总部在外地设置的分支机构，是总部不可或缺的组成部分。在整体规划和布局都非常合理的情况下，二级销售网点的汽车销量会在很短的时间内快速提高。

（2）对下属进行安抚。

新二级销售网点的建立需要从零做起，管理过程中出现问题是很正常的。孙总监随后安慰了情绪波动的李杰，同他一起分担运营压力，让李杰对公司产生归属感，对工作更重视。频繁的探访或问询，让下属明白领导对他委以重任，这一点是值得我们学习的。在新的团队和部门建立之初，高层管理人员要有耐心，帮助下属发现工作中存在的问题，与其一同攻克，从而促进下属的进步和成长。

2. 从销售经理的角度来看

（1）过于心急，情绪左右了表达方式。

我们身边往往会有这样的领导，由于心急而对下属说一些不中听的话，本来是好心，但是造成了不好的结果，让下属很难接受。案例中的李杰就是这样，领导对下属应该严格要求，但是表达方式需要斟酌，过激的言辞不仅会伤害下属的自尊心，打击下属工作的积极性，还会让下属产生逆反心理，结果适得其反。

（2）激励方式运用得不合理。

在没有激发下属情感和获得下属认可的前提下，物质激励不会产生很好的效果，因此对下属的激励也要讲究方式。李杰性格耿直，脾气火爆，眼里揉不得沙子，他在潜意识里把请下属吃饭、发奖金等方式当成自己发脾气时给下属带来伤害的弥补手段，这就有问题了。“打一巴掌，再给个甜枣”的方式已经不适合管理年轻一代的员工了，他们有自己的想法、需求，他们需要真诚的表达、诚恳的关切、坦率的交流，只有恰当的激励和沟通方式才能让下属心生暖意，从而在工作中有积极表现。

（3）帮助下属明确职业规划。

案例中的两个销售顾问，一个辞职，一个在岗但工作状态不佳。虽然他们自身也存在一些问题，但是从管理者的角度来看，销售经理也是有责任的。每个管理者都需要对下属的职业生涯进行规划，销售经理首先应该为下属建立一种“安全”的心理状态，然后试着了解下属的所感所想——他们来工作的目的是什么？他们希望得到什么？当下属工作目标不明确的时候，试着和他们一起建立一个目标。年轻人往往会有迷茫的时候，需要别人点拨，这就是体现管理者价值的时候。

3. 从销售顾问的角度来看

（1）缺乏信心。

认识不到自身的优势，主观能动性差，导致接待客户的时候不积极、不主动，谈判过程中只会谈论价格，没有向客户宣传产品的内在价值。他们内心深处并不觉得自己所在企业的品牌、经销商有什么了不起的，也没觉得自己销售的产品有什么优势，更没觉得自己的存在对于客户来说具有什么价值。以这样一种状态去做销售是不可能有好的结果的，“破罐子破摔”的想法要不得。

（2）缺乏系统的学习机会，缺乏对品牌的认知和重视。

二级销售网点的销售顾问，往往不被总部重视，他们的产品知识学习、客户接待等工作，都做得差些，但也能得到总部的认可。这在潜意识里给他们传递了一个错误的信息：你们不是正规军。如果没有获得总部的系统培训和销售指导，二级销售网点的销售顾问很容易变成赵元那样。没见过真正的“好”，也就看不到自己身上的“差”。野蛮成长下的销售顾问，往往是缺点多于优点。

面对二级销售网点的管理，总部经常出现的错误思路包括：

（1）总部轻视、忽略二级销售网点。

总部制订的管理规定、服务标准和销售流程在二级销售网点中没有得到贯彻执行，对二级销售网点的销售人员要求过宽。在现在的汽车行业中，二级销售网点越来越重要。如果仅仅希望二级销售网点提高销量，而不进行建设，那么无异于“既要马儿跑，又要马儿不吃草”。

（2）激励方式呆板，缺乏灵活性。对于年轻一代的员工，应该先去研究他们、了解他们，再去想办法激励他们。过去的一些激励手段，现在不一定适用，激励员工应当因事而异，因人而异。年轻人普遍有激情，他们的工作积极性是可以被调动起来的，当工作的积极性被调动起来之后，他们会迸发出强大的力量。很多二级销售网点的销售人员所展现出来的销售能力与取得的销售业绩，甚至比总部的销售人员更强、更好。在案例当中，李杰经理并没有有效调动起年轻销售顾问的工作积极性。

正确的思路：

（1）合理规划和布局。

对当地汽车市场状况进行分析与测评，这将有利于二级销售网点的选址，进而为降低总体的管理成本和管理难度奠定基础。当我们对二级销售网点选址附近的市场、竞争对手、客户等情况有了深入了解后，设立二级销售网点的成功率将会大大提高。不仅二级销售网点可在该地区站稳脚跟，而且总部在该地的影响力也能大大提高。

（2）确定二级销售网点的管理标准。

完善二级销售网点的管理机制，让管理者、一线员工对总部有归属感，而不是觉得自己异于他人。对二级销售网点进行统一的标准化管理，建立会议、福利、奖惩、培训等方面的管理标准，让员工产生归属感，激发他们的工作热情。

（3）与员工进行良好的沟通和交流。

沟通不仅是团队稳定的前提，也是改善团队氛围的重要手段。正如我们在销售过程中对客户需求进行分析一样，我们要先了解客户需求，再匹配需求。在管理中，管理者同样需要把员工当成“客户”，对其进行需求分析，然后根据员工的需求特点，有针对性地调整管理策略，使员工在工作中更有目标感、方向感、参与感。

（4）真诚地对待员工，发自内心地赞许和鼓励他们。

激励员工并不像我们想象得那么复杂，工作中的指导与帮助，生活中的关怀与鼓励，都能起到很好的激励效果，这种激励不是用饭局和钱财可以简单衡量的。真诚的力量能把人团结起来，即使是离总部遥远的二级销售网点，员工也一样能感受到团队的温度，从而提升自信心。有时候，在紧张的工作中，制造一些仪式感，对于年轻的销售顾问来说，也会产生不错的激励效果。

案例跟进

经过思考，孙总监感觉李杰的管理有问题。正好此时二级销售网点又招了两个新人，于是孙总监专门抽出几天时间，亲自来到二级销售网点，直接进行指导，顺便也给李杰做做示范。

二级销售网点人员少，人员结构扁平化，这是一个优势。除了例会，管理者还有大量的时间和他们在一起，如与员工一起擦车，一起进行现场整理，一起吃饭，等等。按照之前提到的思路，孙总监展现出坦诚、开放的态度，积极融入几位年轻的员工中，与他们打成一片。在沟通的过程中，他一方面了解员工的想法，一方面就对于汽车行业的看法与员工进行交流、探讨，并非常真诚地认可他们身上的优点。在这几天中，李杰观察到几个年轻人比以前快乐、轻松了不少，大家都喜欢和孙总监待在一起。在这种轻松的氛围下，大家纷纷开始主动思考工作。某天，李杰惊奇地发现几个销售顾问正在主动与孙总监讨论客户购车的“兴趣点”。由此，他慢慢懂得：一味地说教是没有用的，要通过潜移默化的方式，依靠自身魅力来影响这些年轻人。

而之前孙总监索要销售顾问简历，也是有其深意的。在他离开三周以后，也就是赵元生日那天，他亲自送来了一个精致的蛋糕，附赠的卡片上写着对赵元的肯定。蛋糕不大，但这对于赵元来说无疑是非常值得欣喜的一件事，这让他感到自己是被关注的。仪式感与细微的关爱在不经意间感动了赵元，这无疑是一种最有效的激励方式。这也给李杰上了生动的一课，激励似乎也没有那么难，对待下属时多些耐心，有时听听对方的抱怨和诉苦也是一种激励。

员工的积极性一旦被调动起来，其精神状态和工作状态也会随之改变。李杰发现，大家工作的积极性逐渐高了起来，对待客户也慢慢表现出了一种“死磕”的精神。事实证明，只要肯“死磕”，就一定有结果。两个月之后，赵元的业绩较过去提升了百分之八十，提成翻番，他越来越开心，也对自己越来越有信心。另外两个新人也展现出不错的工作状态，取得了不错的业绩，这令李杰非常满意。

千里马常有，而伯乐不常有。即便是二级销售网点的员工，也有无限的潜力。对二级销售网点员工的管理，不能简单复制总部的那套管理模式，必要时可与员工进行一对一的沟通。二级销售网点销售顾问往往缺乏信心，因此对二级销售网点员工的肯定与认可是非常重要的。即使他们暂时没有业绩，管理者也要不断对他们进行鼓励与关怀。维护人心需要真诚相待。案例中孙总监的耐心细致彰显了管理的精髓，他的言行既对年轻的员工起到了很好的激励作用，激发了他们的潜能与斗志，又对二级销售网点的负责人李杰起到了很好的示范作用。

能力进阶小课堂

1. 沟通中主动开放自己，多鼓励但不说教，让下属了解自己、接纳自己，将自己融入团队中。

2. 有和下属相同的爱好和话题。

3. 不指责、不批评、不带情绪说话。

4. 阐述观点时，以“我感觉”“我认为”开头，而不是“你应该”“你必须”。

5. 善于发现下属优点，及时予以肯定。

6. 将对下属的工作评价及时反馈给员工。

7. 坦承自己并非全能，对于自己不懂的领域，主动听取下属的建议。

魔杖应用案例 2　规避自身不足，发挥自身优势

人贵有自知之明。自我认知清晰的人，知道自己的弱点是什么，更知道自己的优点是什么。尺有所短，寸有所长。我们都不是完人，我们既有优点，也有缺点。在生活中，在工作中，在纷繁的事务中，我们要坚持自我，发挥自身优势，规避自身不足。

案例故事：数据分析是有效管理的关键

任峰轻轻掩上了总监办公室的门，把赵总监担忧的眼神挡在了门里。

2012年春节刚刚结束，汽车行业内的经销商都在有计划地筹建自己的网店销售团队，××经销商也不例外。他们的展厅销售部共3组，每组6人，外加刚刚转正但是还没有分组的一位新销售顾问，共计19人。店面内训师任峰肩负着组建新团队的重任，他需要选出4人搭建一个领导寄予厚望的网店销售组。但是赵总监似乎对任峰所提的团队组建方案并不满意，他不希望任峰的组队思路是帮助其他组解决问题人物和接纳新人。按照他的人员配置方案，任峰肯定不是在帮本部门解决销售难题，而是在为其他组解决管理难题。

回到办公桌旁，任峰打开电脑，浏览着屏幕上几位销售顾问近半年的销售数据，又把选择4位组员的整个过程仔细梳理了一下。梳理完毕后，他还是感觉赵总监想多了。

组员1沈明月，她是整个销售团队中出了名的“刺儿头”，常因车辆价格问题和所属的团队经理吵得不可开交，与同事们相处得也并不是非常融洽。

这也难怪，谁会愿意陪着她站在团队经理的对立面呢？别看她销售总成绩一般，但她在精品汽车上的销售业绩却十分突出，每个月都稳坐精品销售额冠军宝座。她的客户满意度也非常理想，每一位成交后的客户都能成为她的朋友。大家都在说，如果她用一半的精力去处理店内的人际关系，那将会得到团队更高的评价。

组员2王贺，销量是团队中数一数二的，到目前为止，他所销售的裸车已经能围绕展厅好几圈了。但是也仅限于销量，因为他成交时的谈判过程比较快速，所以几乎没有衍生业务贡献可言，其团队经理时常抱怨他拉低了整个团队的衍生业务渗透率。

组员3刘鑫，如果实行末尾淘汰制的话，刘鑫就十分危险了。他的销售量月月垫底，也不见他在展厅接待客户。他不仅销量少，潜在客户保有量也少。但他也是有优点的，难点车型销售量他是最大的。他虽然很少在展厅接待客户，但大家经常看到他在展厅外的某个角落与客户进行交谈，紧接着就把难卖的车型给卖出去了。

组员4张奇，作为实习6个月才转正的销售顾问，他的表现平平。各组都担心多了一个人会多分配销售任务，因此都不愿意接收他。而这一次，任峰欣然接受了这个人，也接受了他的业绩——上个月销量只完成了一半。他认为张奇身上有一股闯劲儿，为了能将车卖出去，他常常不达目的不罢休。

就连赵总监也不相信，这4个人能完成艰巨的销售任务，能承受住店面各大垂直网站的数据洪流；他更不敢想象，这4个人能达到清理难点车库存，提升衍生业务，从而带动销量的目的。是呀，任峰完美避开了所有业绩稳定、突出，服从管理的销售顾问，而选择了这几位优点和缺点同样明显的销售顾问。也许每个人都有一个带领“问题学生”取得好成绩的梦想，可在赵总监看来，这是任峰缺乏管理经验的表现，是一次冲动之举。

但是任峰相信自己的决定没有错，他的依据是自己对他们近半年的各项销售数据的分析，还有和4位销售顾问谈话的结果。任峰将视角锁定在了他们的优势上——沈明月的精品销售能力，王贺快速促成交易的能力，刘鑫销售难点车型的能力，还有张奇作为新人的拼劲。任峰认为，对于一个新组建的团队来说，借助他们的优势，就地取材，互相影响和渗透，应该是最高效的管理方式了。他始终相信，自己看重的每个组员的优势，一定能让这个小团队出类拔萃。任峰将自己的看法向赵总监和盘托出，赵总监虽然担心，但最终还是同意了这员爱将的决定。

这时，任峰的手机响了起来，是后勤的李师傅，他告诉任峰电话已经安装在未来的网店销售办公室里了，办公用品也相继到位了。谢过李师傅，任峰连忙召集4名组员，他打算开一个网店销售组的内部启动会，是开始证明他们优秀的时候了。

案例情境解析

1. 从销售总监的角度来看

（1）组建团队时要注重稳定性。

作为销售总监，赵总监丰富的管理经验使得他察觉到了任峰组建的团队中的管理隐患，从团队的稳定性方面来说，赵总监的担心是没问题的。店面的运营不应只关注销量和利润，更应该关注团队的建设，团队的稳定性才是持久运营的基础和关键。

（2）发现问题要及时沟通。

在管理过程中，沟通的重要性不言而喻，上级和下级的管理思路和方向常常出现偏差。因此，询问下级的想法，聆听下级的建议很有必要。管理者要了解事情的前因后果、来龙去脉，给下级一定的决策权，帮助下级找到问题的解决方案，切忌妄下定论，以造成下级的误解。

2. 从销售经理的角度来看

（1）判断源于数据。

店面运营的基础是妥善的管理和周密的计划。案例中的任峰选择组员时并非意气用事，而是建立在对数据进行准确分析的基础之上的。善于分析数据，是管理者的必备技能之一。数据可以帮助管理者确立、支撑自己的观点和意见。不仅是一对一谈话，对销售顾问的辅导，部门的销售会议，都是需要以数据为基础的。

（2）判断高于数据。

数据有助于管理者做出判断，但不是什么问题都能从数据中找到答案，比如销售顾问未能完成任务的真实原因，组员间的矛盾发展到了什么程度等就不是数据、图表能显示出来的，需要管理者与员工相互交流、相互沟通，或细心留意每个不起眼的现象。这就需要管理者有高于数据的判断能力，而且有时需要感性一点。

3. 从销售顾问的角度来看

每个人都渴望成功，渴望被人认可。尤其是在销售团队中，每个人都顶着艰巨的任务，没人希望自己成为团队的累赘。有时候他们业绩不好，不是他们不努力，而是他们不被别人认可。每个人都有优点，只不过少了掌声和鲜花的簇拥，我们很容易忽略自己的优点，更别说拓展优点、发挥优势了。案例中的网店销售团队，每一位都是缺点明显，他们自己也心知肚明，但任峰的做法无疑会激发他们的工作热情，唤醒他们渴望成功的本能。

组建团队时经常出现的错误思路：只看表象，不看本质

以上案例告诉我们：应该透过问题的表象看本质。在销售行业中，销售额是衡量销售人员工作能力的标准，但不是唯一的标准。如果我们不进行深入的调查分析，不了解每位销售人员的优点、缺点，那么组建出来的团队就会只有竞争，没有配合。单一的组队标准，会造成团队特征的单一，使得团队进化能力有限，如此一来，反而会消耗管理者的精力。团队成员特征的多样化未必是坏事，其有利于各成员间优势互补，互相配合，从而提升团队的整体效能，创造优异的业绩。

团队组建和管理的正确思路：

（1）进行数据评估和分析。

案例中的任经理在选择团队成员、组建团队之前，查看了近半年的数据就很具有说服力。我们知道，单一的样本量没有对比和变化规律可言，多时段、多角度的数据就很有分析价值。在特定的目标形成前我们会以此为评价的依据进行考量，比如你现在正在组建团队，试图解决衍生业务、难点车销售等针对性问题，那么对于销售顾问的评价与选拔标准，就要与以往标准有所不同，仅看销量和管理难度是很不理智的。

（2）规避自身的不足，发挥自己的优势。

我们已经通过数据判断出了每位销售顾问的优势，接下来就要发挥他们的优势来完成销售任务。从管理者的角度来说，帮助销售顾问认识并发挥他们的优点，要远比改正他们的缺点容易得多。当然，这样说并不是要销售顾问忽视自己的不足，而是培养他们取长补短的能力。在新组建起来的销售团队里，可以说每个人都身怀绝技，每个人都有优势。这样一来，每个成员的优势就变成了团队的优势，而团队的优势又能促进团队成员之间相互交流学习，长此以往，团队优势不仅多元化，甚至还能对团队成员改善自身缺点起到很大的帮助。

（3）加强管理和督促。

按照上述内容，管理者只需要进行数据分析，找出销售顾问的优势，然后组建团队，营造团队学习氛围，但这就算完成工作了吗？当然不是，管理者还需要对团队成员进行管理和督促。团队目标的达成，团队的发展方向，都需要管理人员的细心引导。管理者首先要认可和信任员工，要帮助每个团队成员建立自信，引导他们自信地开展工作，逐步改正缺点，从而不断取得进步。任经理对这四人的认可和信任，让他们齐心协力，形成了一个强有力的团队。这就是借助信任的力量强化员工优势、提升团队效能的管理方式。督促要建立在管理者与员工彼此信任和认可的基础上，这样才有助于团队的建设和团队目标的达成。

案例跟进

让我们回到当时的现场，看看任峰经理是如何组建和管理团队的。

1.评估项目维度，确认组员优势

评估项目维度应包含对衍生业务、精品销售、成交台次、客户满意度、潜在客户数量、成交率、销售车型占比等多个方面的评估。发现和确认组员优势，重要的是要跳出原有的思维框架，不要受销售量等显性因素的干扰。

2.帮助组员建立自信，激发他们的工作潜能

组内会议上的点名表扬，微信群中的言辞鼓励，都是帮助销售顾问建立自信的方式。再比如，在生日当天向其赠送一些小礼物，平时组织小组成员共同学习，鼓励大家轮流讲述各自的优势和工作心得等，这些都是帮助销售顾问建立自信的方式。

3.进行组员能力可视化管理

帮助组员在认清自己优势的同时意识到自身的不足，帮助其积极加以改正。如下页的分析，销售顾问的销售能力和销售任务完成情况分析可以任意添加项目，以帮助销售顾问清晰了解自己目前的工作状态，好的方面要继续保持，不足之处要尽快改正。

4.协助组员开展工作

团队中每个人都有自己的特点，当面对同样的问题时，他们的审视角度是千差万别的。这时，管理者的及时引导、点拨、配合就显得尤为重要。比如，销售顾问在与客户谈判时，销售经理要更深入地配合组员，使其快速达成交易，甚至亲自参与谈判，帮助销售顾问成交。真心帮助销售顾问完成销售任务，是帮助团队发挥优势最有效的方式。

沈明月销售能力与销售任务完成情况分析

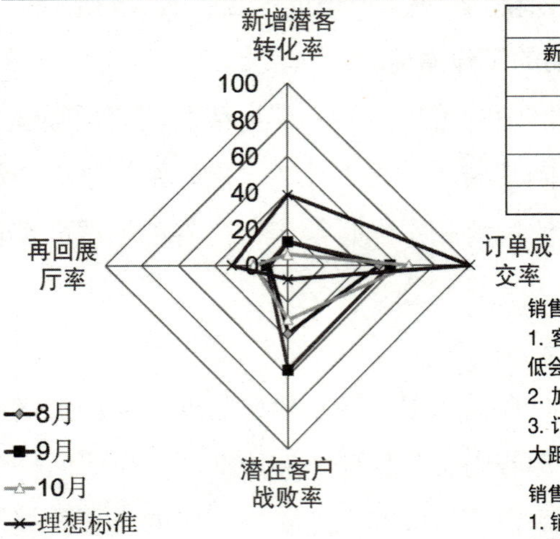

月份	8月	9月	10月
新增潜客数/人	63	61	66
销量/辆	11	9	9
保险/元	89355	44387	43140
精品/元	43500	38700	38100
贷款/辆	6	4	2
置换/辆	1	1	1

销售能力方面的不足：

1. 客户转化率需要提高。集客人数不变，潜客转化率低会导致订单的减少。
2. 加强潜在客户回访频率，确定科学回访时间。
3. 订单成交率虽然有所提升，但是与理想数值还有很大距离，需要继续加强。

销售任务完成情况方面的不足：

1. 销量开始下滑，导致各项任务完成得并不理想。
2. 销售保险需要为客户提供报价及详细说明，提高信贷的推荐率。

王贺销售能力与销售任务完成情况分析

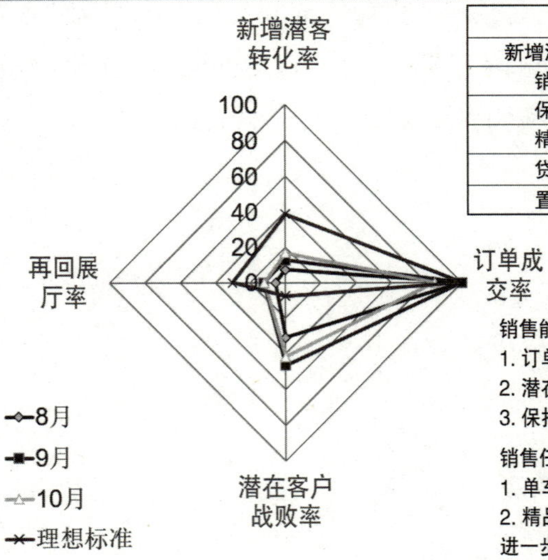

月份	8月	9月	10月
新增潜客数/人	77	72	65
销量/辆	18	17	17
保险/元	90915	88675	85565
精品/元	17500	15500	15800
贷款/辆	0	1	2
置换/辆	0	1	0

销售能力方面的不足：

1. 订单成交率需要保持。
2. 潜在客户战败率不稳定，需要继续调整。
3. 保持新增潜客转化率和再回展厅率的增长。

销售任务完成情况方面的不足：

1. 单车保险数值过低。
2. 精品销售量持续下降，衍生业务是一大短板，需要进一步提升。
3. 信贷有所提升，但仍需要加强。

后来，案例中的网店销售团队度过了表现平平的第一个月，但他们并没有灰心丧气，而是互相鼓励，全力以赴开拓市场。团队中良好的工作和学习氛围令组员充满了工作热情，在团队成立的第二个月月末，他们就以销量第二、衍生业务开拓率第一的好成绩向所有人证明了他们的能力。

物极必反，触底反弹，团队管理其实没有什么高深的技巧，没有惊世骇俗的绝学。任经理的做法有利于团队凝聚力的形成，有利于发挥每个人的优势，最终能让一个看似不起眼，甚至有明显缺点的团队把工作做得风生水起，令人刮目相看。认清自己的优势，发挥自己的优势，能让一个人、一个团队走得更快、更远。

能力进阶小课堂

1. 360度评价有助于发现销售顾问的工作优势和不足。
2. 要注重日常各项工作数据的收集、汇总和管理。
3. 管理者要善于沟通，包括向上沟通、向下沟通和平级沟通。
4. 沟通时需要将下属当成自己的“客户”，时刻关注他们的需求。

魔杖应用案例 3　树立榜样，带动团队

榜样，是一个标杆，也是一面旗帜。榜样的力量是无穷的，树立榜样可以激励个人，可以为团队指明方向，更可以证明领导者的意图与设想是可以实现的。好的榜样，能够从能力上、态度上带动团队奋发向前，给整个团队注入积极、向上的正能量。

案例故事：销售冠军的专用车位

2019年7月1日，星期一，王勋将车停在××公司汽车展销店院外不远处，这一天他期盼了很久。迟疑了片刻，王勋发动汽车缓缓地来到大院门口，升降杆缓缓提起，保安李师傅向他问了声早安，王勋顺利进入展厅前的停车场，将车停在展厅门口处的销售冠军专属停车位置上，王勋终于通过自己的努力达成了心愿。停车位边上有一处宣传牌，上面的照片还是上一届的销售冠军刘虹。说起来，王勋还要感谢这位传奇销售顾问，因为在他刚刚入职时，就是刘虹负责指导他的。刘虹过去的销售业绩斐然，今年还打破了自己创造的汽车销量纪录，已连续10个月蝉联销售冠军。但是无奈碰到了更加努力的王勋，就在上个月，王勋以各项销售指标名列前茅的优势成功登顶销售冠军宝座。

来到自己的办公储物柜前，王勋郑重地从里面拿出一个长长的圆筒，今天的销售冠军交接仪式上会用得到。筒里装的是他转正后公司赠送给他的第一份礼物：三张尺寸不同的个人艺术照片。小的一张是用来张贴在公司办公

室的荣誉墙上的，照片下方有销售冠军工作业绩的详细介绍。即使是这样一张小照片，也比荣誉墙上其他普通销售顾问的照片大一圈，位置也更加醒目。中等的一张是用来贴在进门停车位旁边的宣传牌上的，对于销售顾问而言，照片更换得越频繁，说明业绩越理想。刘虹自然不用说，算上最近的一次，她的宣传照已经更换10次了，而其他销售顾问的照片却一直没有机会挂出来。最大的一张是垂挂式彩色喷绘，将会被悬挂在展厅的正中间，每位进店的客户都会目睹王勋的风采。

授奖大会开始了，销售总监宣读新一期的销售冠军姓名和业绩情况，虽然大家早已知晓，但还是报以热烈的掌声。上届销售冠军刘虹将销售冠军的奖杯交给王勋，开玩笑似的说：“真是教会徒弟饿死师傅了，加油呀，下月我可就追回来了。”王勋有些不好意思，但脸上还是露出了感激的笑容。这份荣誉就在这24位销售顾问之间，它是每一位销售顾问所向往的。总监当众向王勋颁发销售冠军月度奖金，并宣布晚上召开的销售总结会议由王勋做工作汇报。

这家汽车展销店每个月都要从销售顾问中评出一位销售冠军，除了对销售冠军进行表彰、颁奖外，在公司官网上也会对他进行宣传。销售冠军上个月的销售指标数据将完全公开，比如贷款渗透率、精品销售额，等等。在销售总结会上，销售冠军还要负责汇报自己取得突出销售业绩的原因，做案例分享，解答大家的销售疑惑。在销售冠军的带动下，其他销售顾问心中都会产生强烈的竞争意识。长此以往，整个团队形成了一种你追我赶、人人争创一流绩效的工作氛围。

案例情境解析

案例中，销售总监非常重视销售冠军的榜样作用，他通过每月评选一位销售冠军的方式，激发销售顾问们的工作热情和上进心，以此推动整个团队快速成长。这种管理团队的方式是值得我们称赞和学习的。但是在现实中，不少汽车展销店忽视，甚至轻视销售冠军的榜样作用，有些汽车展销店虽然也开展销售冠军评选活动，但只流于形式，有些汽车展销店甚至根本没有开展过销售冠军评选活动。那么让我们来看看，没有榜样的团队会对员工造成怎样的影响。

最大的影响是无法获得有价值的经验指导，无法感受到良好的学习氛围。新来的销售助理多半是没有工作经验的应届生，如果门店的培训不够系统，那么他们就很难全面地掌握销售知识，无法快速有效地工作。大部分助理只是在帮助销售顾问完成交车、整理文件等客户成交环节的收尾工作。转正后，他们面对整个销售流程，会感到非常陌生。一旦在工作中遇到比较大的挑战，内心又不够强大的话，会很容易产生挫败感。这种挫败感会导致他们害怕接触客户，从而造成恶性循环。

销售助理们进入店面后，大多数时间都是在熟悉产品特点和参数，此外会接受一些内部培训。总体来说，他们缺少与实际工作深入接触的机会。由于没有销售冠军向他们讲授销售经验与技巧，而新人之间也没有可以分享和讨论的工作经验，他们进步速度很慢。当他们从销售助理转为销售顾问后，就会成为团队中的能力短板，无法快速跟上团队的前进步伐，从而削弱了团队的战斗力，降低团队的工作效能。

销售顾问间的无序竞争包括，有经验不愿意互相分享，不愿意看到别人比自己出色，甚至进行恶性竞争、相互拆台，对团队的认同感低，对个人目标和团队目标不清楚、不关注。这其实就源于管理者没有重视榜样的作用，没有设立团队榜样的评价标准，没有通过榜样对销售团队进行正向的引导和有效的激励。而设立团队榜样的评价标准，恰恰是建立团队核心竞争力的关键。

从以上我们可以看到，榜样的树立对于团队的促进作用是巨大的。就此我们总结两个方面的思路，一起来看一下。

管理者通常会产生这样一个错误思路——特权等于不平等。很多汽车展销店的管理者片面地理解团队榜样的含义，对于业绩突出的销售冠军给予了不恰当的奖励方式，以此拉开销售冠军与普通销售顾问之间的距离。比如，销售冠军可以销售价格更低的汽车，可以享用休息区的餐点，午餐无须排队且有加餐，但是其他销售顾问却没有这样的待遇。这些奖励方式会影响销售冠军与其他销售顾问间的工作关系，不利于团队的团结，同时也容易挫伤其他销售顾问的自尊心和工作积极性，不利于团队整体效能的提升。

说过了错误的思路，我们给出以下建议。

（1）设定评价标准。

评选销售冠军一定不能草率。作为优秀的销售顾问，有人销量占先，有人利润占优，有人衍生业务出色，有人善于消化长库龄的车型。因此，要对每位销售顾问的销售能力和业绩做出综合评价，设定恰当、合理、公正的评价标准。

与此同时，设定的评价标准要稳定，不要由于公司的人事变动等原因而频繁改动，朝令夕改，贸然提升或降低评价标准，会使管理者的信誉下降，销售顾问的工作积极性也会受到打击。

（2）形式郑重认真。

树立榜样，不能流于形式。案例中，销售总监高度重视销售冠军的评选和表彰工作，亲自主持表彰大会并颁奖。整个表彰过程不流于形式，不仅场面隆重，而且仪式庄严。销售总监的做法成功激发了所有销售顾问的荣誉感，极大地提升了团队的士气。这是一种增强团队凝聚力、推动团队成长的有效管理方式。本着这一思路，团队中的管理者和执行层都开始重视榜样的树立，不将树立榜样当作形式化的作秀。

（3）创造员工成长的平台。

案例中，销售顾问向往的不是专属的停车位和优先推送的宣传顺位，而是真正的学习机会、一个良好的平台。良好平台的定位是什么呢？是人人平等，给所有人做主角的机会。优秀的团队不会是“阶层固化”的，一定是通过勤奋，就能站在顶端的。要想达到这样的效果，那么这个团队一定要有一个公平的环境，每个销售顾问拿到的售价都是一样的，得到的支持以及学习的机会，也都是一样的。这样的环境，会减少各种内耗和猜疑，也会使一些业绩不佳，但喜欢找借口的人，无从找起。

案例跟进

1. 确定销售冠军评选维度

王勋荣誉登顶并非靠一朝一夕的努力，而是均衡发展的结果。评选销售冠军，不能只看销售顾问的产品销售量。那些单纯“走量”的销售顾问，很难成为榜样。销售冠军的评选维度应当是多元的，销售数量、衍生业务销售额、信贷渗透率等，这些都是管理者需要关注的。此外，销售顾问的人际交往能力、内部口碑、客户好评指数与投诉比例等，也应作为评价的依据。通过对这些数据进行对比和分析，再经过管理者的会议评定，评选结果一定会让每一位销售顾问心服口服，评选出来的销售冠军也一定是“货真价实”的榜样。

2. 创造郑重的仪式感

公司为王勋设计个人照片，其实就是在创造一种仪式感。这是提升员工被认可的感觉、提升团队凝聚力的有效方式，代表了管理者和团队对员工的接纳与期许。而我们每个人的内心深处，又有谁不希望自己被关注和重视呢？案例中荣誉墙上的事迹宣传、展厅中心悬挂个人大幅画像、配备专属停车位、开会表彰、颁发奖杯与奖金，所有这些其实都是在创造仪式感，增强参与者的体验，从而更好地推进、执行政策。

3. 创建平台，分享经验

案例中的王勋是新一届销售冠军，是大家学习的榜样，他的工作经验和心得也是新销售顾问和工作能力有待提升的销售顾问最想了解的，而管理者也为他们提供了这一机会——公开王勋的数据并让王勋答疑。管理者要创建平台，为大家提供学习和成长的机会，通过召开工作报告会、建立销售顾问学习小组等方式，让优秀的销售顾问带动其他销售顾问成长。新入店的销售助理，可以由销售冠军来指导他们开展工作。这样，整个团队的学习氛围就建立起来了，大家共同学习，共同成长，共同进步。相比于末位淘汰制，榜样的激励机制更加有利于员工成长。

在很多企业中，管理者都会向销售顾问灌输企业文化、经营理念，但是这种单纯灌输的方式产生的效果并不理想。通过树立榜样的方式，向员工传递企业的价值观和思维导向，反而能起到异乎寻常的效果。这样员工就会比较清晰、直观地理解企业希望他们成为怎样的人，他们也会像榜样一样去努力、去成长，像榜样那样把工作做好，只有走在正确的路上，才会离成功越来越近。发挥榜样的示范作用，可以有效引导员工开展工作、提升工作质量，也使管理者免去了日常管理中大量重复性的工作，从而大大提高管理效率。

能力进阶小课堂

1.销售冠军的“成功案例”和工作经验，对于其他销售顾问来说，具有很大的学习价值。让销售冠军分享自己的工作经验，不仅可以帮助他们提升自己的工作能力，还可以为公司培训、储备人才。

2.高层管理者如总经理、销售总监为销售冠军颁奖，会起到意想不到的激励效果。而请合作公司的领导和客户参与颁奖，则会使整个过程仪式感更强、更庄重。

3.除了树立榜样外，管理者应关注每一个销售顾问在工作过程中的努力，并及时予以赞美与肯定。要告诉每一个销售顾问，不仅要和销售冠军比，还要和自己比，这样自己才会有进步、有提升。要让自我激励、自我成长的意识深深地根植在每个销售顾问的大脑中。

魔杖应用案例 4　培养学习能力，不固守成功经验

兵无常势，水无常形。真正优秀的部队，可以敏锐地察觉每次战斗的局势和敌人的兵力部署，进而调整自己的作战方案，以适应战场形势的变化，达到克敌制胜的目的。现代市场形势瞬息万变，客户的需求也处于不断变化之中，这就需要我们有快速学习的能力，通过学习去掌握解决问题、战胜困难的方法。不破不立，以往成功的经验可能成为我们学习、改变的障碍，我们要敢于打破惯性思维，敢于否定自己过去的经验，努力学习新知识，多去研究市场中出现的新动态、新问题，这才是获得成功的长久之计。

案例故事：客流减少时怎么办

"好的，王先生，就这么定了，明天下午我等您。这次我一定给您一个满意的价格，您放心吧。"杨程放下电话，抬头看了看前台的值班位置，只有值班的马斌还待在那里。展厅非常宽敞，一切尽收眼底，但由于一直没有客户而显得特别空荡。杨程进入××4S店已经一年了，论资历他算是新人，但是论业绩和干劲他不输店里的老员工，再加上他为人和善，办事效率高，所以同事对他的评价一直很好。去年杨程还有望获得销售冠军，但是被店内之前的销售冠军李倩卫冕成功了。

杨程看了看斜对面的李倩，这会儿她还是像往常一样，时而打打回访电话，时而接起电话。杨程收回目光，转而盯着电脑屏幕上新增的潜在客户名单，抬手看了看表，还有5分钟他就要去前台替换马斌值班了。借着这个空

当，杨程又给一个客户打了回访电话。

现在正值春节，杨程打起十二分的精神。在汽车销售方面，杨程有自己的一套方法：快速接待客户，合理分配交车时间，不断回访客户。依靠这些方法，杨程在过去的一年中取得了不错的成绩。眼下，为了赶回家过年，经销店周边大量的外地人士纷纷踏上了返乡之旅，进店客户的数量与频次也呈下降趋势。杨程更加珍惜自己每次值班接待客户的机会，而且一有时间就与潜在客户联系，抓紧时间完成销售目标。

马斌的值班时间结束了，他这班岗没有接待客户。还未等前台的小曼安排，杨程就主动站在值班岗位上，等待着客户的到来。他在心中默默地祈祷着，自己千万别像马斌一样白等半个小时。终于，从外面缓缓开进来一辆白色的汽车，在门外靠近展厅的一处车位停了下来。杨程整理了一下接待用品，把客户信息登记表摆正，跃跃欲试地注视着展厅的电动门。当门开启的时候，四位客户走了进来，前台的小曼迎上前去。杨程开始设想谈判、报价等环节的一些细节，可是与客户交流后的小曼领着客户朝李倩走去。看着与客户交谈的李倩，杨程心中满是失落。

一会儿，小曼回到前台，她一边在电脑上录入李倩的接待信息，一边和杨程说："还记得去年李倩接待的那位林先生吗？开袜子厂的，为了感谢李倩，提车的第二天给她送来了两箱袜子，咱们销售部人手两双，拆开一看才发现都是最大码的。"说到有趣之处小曼忍俊不禁。"刚才来的这四位客户就是林先生介绍过来的，客户一说林先生的名字我就想起来了。"小曼自顾自地说着，却没有发现杨程若有所思的表情，此时他似乎想到了什么。

值班结束后，一无所获的杨程回到自己的座位，重新打起精神，翻看着电脑里的客户姓名，筛选着已经完成交易的客户，然后拨通电话："刘先生，是我，杨程，您的车用得怎么样了？有需要请随时联系。"

案例情境解析

1. 从店面的角度来看

节假日期间店里客流量减少。通常节假日期间店里的客流量会增大，但并不是所有的节假日都能为店里带来很高的客流量。春节是我国最重要的传统节日之一，很多客户在春节期间忙于置办年货、探亲、访友、归乡，有车辆购买计划的客户一般会将自己的购车计划延后，随之而来的就是到店客户数量的下降。

2. 从销售顾问的角度来看

（1）干劲十足，但固守成功经验难于应变。

销售顾问在刚进入销售行业时，往往按接待客户—谈判成交—交付车辆这样的思路来理解销售工作。他们认为接待客户的数量越多，成交量就越大。因此，他们习惯于多接客户，从源头提高成交的概率。

不得不承认，这种做法确实是提升销量、提高成交率的有效方式。天道酬勤，积极主动、频繁高效地接待每一位客户，对客户的需求有求必应，可以提高客户的满意度，有利于产品销量的提升。

由此我们也会发现这样一种现象：新销售顾问转正后业绩有明显的提升，甚至超越了已经工作多年的销售顾问，然后初获成功后的新销售顾问往往墨守成规，沿袭过去的销售思路，并产生了固化思维，难以再获得新的发展。

（2）产品销量稳定性差，对客户缺乏维护和管理。

新销售顾问的产品销量常常是不稳定的。他们的工作是围绕接待新增客户展开的，而市场形势的变化、产品价格的波动、同行之间的竞争、节假日期间客户的流失，都会影响到店客户数量。诸多因素交叉作用，使得新销售顾问每月的销量数据差距很大，案例中的杨程就出现了这样的问题。因此，仅仅通过提高工作强度、增加接待客户次数、频繁回访新增潜在客户的方式来弥补销量的不足，是远远不够的。而销售顾问将精力都放在销售工作的前期，维护和管理已成交客户的工作就会受到影响，无形中造成了一些老客户的流失。

新销售顾问的工作思路：

首先，要把注意力放在眼前的客户身上，多接待新客户，快速接待，快速成交，这位不行就下一位，不怕辛苦，就能销量好。

其次，要对老客户进行维护和管理。虽然这项工作不能很快带来收益，也不能确定有多大的收益，但是不能忽视，要和老客户经常保持联系，定期进行回访。

市场的波动，节假日的到来，客户需求的变化，都不是销售顾问自己能左右和改变的。到店客户数量下降，自然会导致汽车销量的下降。新销售顾问需要时刻关注市场动态，学习新知识，掌握新的销售方法和技巧，以此来提高汽车销量和成交率。

老销售顾问的工作策略：

（1）分析问题。

杨程已经开始对自己工作中出现的问题有所警醒，但仍然没有发现问题的根本原因。销量下滑、客户到店数量降低等，都只是问题导致的结果，而不是问题的成因。杨程最后才发现了自己工作中的漏洞——没有开发更多的客户。因此，要学会分析问题，找出问题产生的原因，据此调整工作思路，改变现状。

（2）勇于尝试。

要大胆尝试，尝试的过程可能是顺利的，也可能是不顺利的。要敢于面对困境，必须勇于改变，勇于尝试，哪怕是失败，也要勇敢迈出这一步。不然销售工作就难以突破现状，难以有新的进展。

（3）总结工作。

归纳总结，可以形成经验、形成方法、形成案例。通过对工作过程的总结，我们可以发现工作中存在的问题和不足，有助于我们找到新方法、新思路、新举措。案例中的杨程就是通过采用对比总结的方式，发现了自己对于成交基盘客户的忽略。总结的过程也是销售顾问成长和精进的过程。

案例跟进

1. 发现问题

善于发现问题产生的根源是很重要的。销售顾问可以通过数据分析的方式来查找自己工作中存在的问题，确定有哪些地方需要改进。每个销售顾问的任务指标都会在月初下发，销售顾问可以根据自己过往的销售数据，如平均接待量、邀约率、成交率等，推算自己需要接待多少客户才能完成任务。销售顾问通过反推得出自己接待客户的总数量后，就要规划每周、每天接待客户的目标数量。规划时，要为其他工作，如交车、回访、接待老客户、临时性事务等留出合理的时间。同时，还需要考虑接待客户的平均时长，将这些因素都考虑进去，最后得出的数值就是每天实际接待客户的数量了，虽然可能会有偏差，但是可以作为依据参考。每天下班后，将自己接待的客户数量与公司当天进店客户的数量进行对比，评估自己是否能够完成月销售任务。这一工作过程有助于销售顾问提高自己的分析和判断能力，帮助他们评估当前销售策略的合理性。

月销售任务	上月转接订单	本月未完成	成交率
10	2	8	10%
潜在客户	**现有客户**	**客户增量**	**日均接待客户（按30天/月计算）**
80组	20组	60组	2组

表中只是罗列了一些最基本的销售项目，销售顾问在使用时可根据当地市场状况、店内经营情况、客户状态等添加项目。如果有的店面客户试驾后的成交率很高，那么还应该将试驾成交率添加进去。

2. 解决问题

发现问题后就要解决问题，但解决问题不是喊喊口号就能实现的，是需要销售顾问的工作能力作为支撑的。而学习就是提高工作能力的重要途径。学习的方式有很多种，在销售顾问这个岗位上，比较好的学习方式就是观察与模仿。在杨程所在的销售团队中，就有现成的模仿对象——李倩。通过观察销售经验丰富的李倩的工作方式，杨程了解到了新的集客方式——成交基盘客户的维系。这其实也不是什么独门秘诀，在刚入行的时候，销售经理就和杨程强调过这种技巧，但他没往心里去。等到自己的销售业绩下降，杨程才有了切肤之痛，看到老销售顾问持续不断地维系客户带来的效果，杨程感到自己那点所谓的“经验”其实并不是万能的。细心的杨程还分析了李倩各月销售数据，发现她每月都有百分之二十五左右的成交客户是老客户介绍来的。不看不知道，一看吓一跳。难怪大家同样努力，李倩却总能拿到销售冠军。杨程回头看看自己，老客户介绍的客户数量少得可怜。

3. 不固守成功经验

没有任何一条经验是毫无价值的，也没有任何一条经验是可以包打天下的。成功的经验不能固守，需要灵活运用。将适合的经验应用到适合的场景中去，才能产生好的效果。比如杨程在车展期间，发现自己每天接待的客户数量超过自己计划的接待数量时，他就会提高工作效率，改变工作方式。杨程通过思考找到两种接待客户的方式：速战速决和“小火慢炖”。两种方式灵活切换，交替运用。这两种方式看似矛盾，实则能应对不同的场景、不同的客户。速战速决的方式需要销售顾问有敏锐的洞察力，以简短的提问来收集客户信息，判断客户需求；“小火慢炖”的方式有助于销售顾问拉近自己与客户之间的距离，建立信任关系，从而以自身的观点为客户建立购车标准，这就需要销售顾问具备很强的沟通能力和谈话技巧。

而要想培养销售顾问好的工作习惯，不能只靠他们自己，管理者首先要行动起来，引导销售顾问养成自我思考、自我管理的意识和习惯。例如，在周会分析、评估销售数据时，可以由销售顾问自己解读，并找寻问题及问题出现的原因，然后进行评估，最后共同找出解决问题的办法，并一起制订下一阶段的销售计划。这样周而复始，一方面解决了问题，另一方面又帮助销售顾问养成了独立思考的习惯。

我们每个人都会将自己的优势和成功铭记于心，久而久之，优势和成功就成了自己的“舒适区”，我们不愿轻易走出这个“舒适区”，这就使得我们中的很多人习惯用固有的思维去处理问题。文中的杨程就有这一特点。令人欣慰的是，当他认识到自己工作中的问题之后，能够跳出自己的“舒适区”，积极主动地去寻找新的方式、方法，并且通过不断学习来努力提升自己的工作能力。经验是固定的，但市场、客户、竞争对手的情况是时刻变化的，因此，我们不能以固有的经验去应对和解决工作中出现的新问题，要不断突破固有的思维和经验，不断寻找灵活多变的解决问题的方法，这才是最根本的生存、发展之道。

能力进阶小课堂

1.管理者要对销售顾问的工作进行指导，引导销售顾问养成独立思考、规划的习惯，要手把手地帮助销售顾问开展计划、实施、检查、总结等工作，帮助他们成长。

2.工作时间在两年左右的销售顾问，往往会遇到工作瓶颈，看似什么问题都遇到过，都能独立解决，没有什么值得学习、提升的了，但实际上他们的工作还是存在很多不足的地方。销售顾问应转换思维方式，积极听取他人的建议，对自己重新进行评估，避免长时间陷入“舒适区”。

3.执着的进取心与稳定的心态同样重要。面对客户，销售顾问的功利心往往是写在脸上的，客户一眼就能看出来，从而对销售顾问避而远之。销售顾问需要保持良好的心态，去掉功利心，心底的淡定才能带来表面上的从容。少一份功利心，就会多一个客户，多一个订单。

4.对于销售行业而言，人脉最重要。销售顾问不仅要和客户搞好关系，也要和公司的同事搞好关系。公司的售后、客服、市场、财务等部门的同事，甚至保安大叔、保洁阿姨，都是我们的人脉。

魔杖应用案例 5　确定一致性目标

一致性目标，是形成团队凝聚力的基础，更是团队取得胜利的有效保障。实现一致性目标的过程，是员工明确和认同团队发展方向的过程，是团队积聚力量的过程，也是实现经营战略和发展愿景的过程。

案例故事：建立清晰的绩效目标

“张经理，本来是不应该麻烦您的，但是这次我真的没辙了，客户我都拉回来一次了。本来一切都挺顺利的，但是客户对于旧车的置换价格不满意，非要找一位经理来谈，不然就离店了。”销售顾问陈默怯生生地站在销售经理张俊东办公室的门口，对着他小声说着。

张俊东呷了口热茶，慢慢抬起头，可他看向的不是陈默，而是右侧墙上的一块白板。白板上赫然写着“××汽车销售有限公司销售部A组工作进度”，这行字的下方写着公司的宣传标语——目标一致，共同进退，再往下就是一些表格和密密麻麻的数字了。像这样的白板每个销售小组的办公室都有一块，主要是用来查看各个销售小组每月销售工作进度的。

顺着张俊东的视线，陈默也看到了那几串数字。他连忙补充：“张经理，您放心，这位客户是分期购车，不会影响我们组的贷款渗透率，不然第一次他离店的时候我就不挽留他了。”陈默心急如焚，脸上却堆着笑，表情越看越别扭。

张俊东放下茶杯，眼睛却没离开过白板。他在心中一边盘算着什么，一边漫不经心地对陈默说："那你还不快去信贷办公室做工作，怎么先跑来找我？""刘经理那……"陈默欲言又止，感到非常为难，刚才他还满脸堆笑，现在却又满面愁容。张俊东扭过头来看了他一眼，忍俊不禁，摆摆手道："也难怪，想从刘姐那要点政策支持，别说你，就连我也困难。"说完他站起身，随手用红色的记号笔在白板表格中的一组数字后面画了个圆圈，然后整理衣装往外走。陈默看在眼里，乐在心里，这是张俊东的习惯——对即将完成任务的销售顾问，他都会在白板上在该销售顾问的销售数据后面画上圆圈。眼下正值月末，各项销售指标都要受到张俊东的严格把控，所以只有你的成交订单符合他的要求，他才会出手帮助你。

张俊东来到展厅，坐下和客户攀谈起来，以了解情况。正在这时，二手车销售经理冯浩急匆匆地向销售总监办公室走去，张俊东看见了，连忙追过去问道："冯浩，怎么回事？我们组这车都谈成了，可别在你这出岔子呀！"张俊东上来就直接来了这么一句。"您太看得起我了，我要是有这本事，就多送几批B组的离店客户，省得您总也追不上人家。"冯浩毫不客气地回了一句。张俊东气得直瞪眼，不由得提高了音量："这么说你是成心的了，别以为我不知道，你总是只盯着自己的利润，多少订单都毁在你手里了。"冯浩也不示弱："你们销售经理考核的是数量指标，你当然不在乎了。我考核的是利润指标，我一家老小都指望着我，靠我活着呢。再说，厂家政策能给的我都给了，你去问问陈默，客户还要优惠一千，我上哪找去？你们销售不使劲，到我这占便宜来了。"

不远处的信贷办公室里，刘莹正拿着化妆品补妆。她对面的信息员扭头看向门外道："这两位怎么又吵起来了？"刘莹漫不经心地回答："因为卖车的那些事呗。要我说还是冯浩好说话，你看他们那个组有谁敢来我这提信贷优惠政策的事？"她平静的语气掩饰不住内心的得意。这时，外面的争吵声越来越大，刘莹有些急了，朝着门外喊了一句："你们能不能小点声？我还要午休呢！"

这时，销售总监来到展厅，对着张俊东和冯浩严厉地说："要不要给你们借个扬声器，让全公司都知道你们在干什么？"看着两人沉默不语，他接着说：“去二楼会议室，一会儿开会，研讨新的绩效考核方案。”

销售总监怒意未消，回头对着信贷办公室里的刘莹说：“你也得来一下，不影响你午休吧？”刘莹赶忙答道：“瞧您说的，怎么会呢？我马上去会议室。”销售总监的话让她感到有些尴尬，但她还是习惯性地掏出手机，将白板上的一些信贷数据拍了下来，以便应对会议中领导的发问。可能是过于紧张，那句“目标一致，共同进退”的企业宣传标语没能一起拍下来，不过这已经无所谓了，因为有谁会在乎这一点呢？

案例情境解析

1. 从公司的角度来看

绩效考核涉及的因素众多，通常没有统一的考核标准，很多公司都面临着同样的问题。就汽车销售公司而言，总部有总部的考核标准，店面有店面的考核标准。同时，汽车销售公司代理销售的车型不一，各个销售小组销售的车型也不一样，这样一来，每个销售小组的绩效考核指标就会不一致。比如案例中的汽车销售公司，对于销售A组考核的是销量指标，对于销售B组考核的是利润指标，而考核金融信贷部的却是渗透率，等等。

2. 从店内管理者的角度来看

团队意识淡薄，对于企业文化视而不见。每个人都只盯着自己的销售指标，只考虑自己的利益，真可谓“各扫自家门前雪，不管他人瓦上霜”。总部这种“业务分块”的管理方式，使得店内各销售经理只对总部负责，而忽略了相互间的支持、合作，甚至导致互相拆台，结果就是我们上面看到的场景。想必张俊东和冯浩两人已经不是第一次发生冲突了，而原因无外乎是“谁也不准动我的蛋糕”。这就使得工作在一线的销售顾问陷入两难的境地，成交也是难上加难，有时不得不放弃一些成交机会，可谓苦不堪言。

实现一致性目标的思路：

（1）深入贯彻企业文化。

企业文化对于团队的建设意义深远，它在增强团队凝聚力、提高团队战斗力方面发挥着重要的作用。只有那些认同企业文化的、志同道合的人组成的团队，才能有战斗力。在公司中，企业文化是自上而下进行传播的。管理者要通过各种方式在公司中深入宣传企业文化，让企业文化根植在员工的大脑中，推动他们自动自发，团结互助，为实现统一的团队目标不断努力。所以管理团队精神层面的一致性将带来强大的集体力量。

（2）设定明确的目标。

作为销售团队的领头人，销售总监需要为团队设定一个明确的奋斗目标，引导大家为实现共同的目标而努力奋斗。设定的目标必须具体、能够实现，要让每位员工都能够品尝到胜利的果实。店面绩效考核的本意就是如此，良好的考核机制不仅可以增加团队的容错率，也能培养团队成员的默契程度，让他们相互配合，完成目标。

（3）加强沟通和管理。

实现目标的过程是艰难的，管理者有义务时刻帮助团队中的每个成员修正工作方向，朝着目标齐步迈进。为此，管理者需要加强沟通工作。管理者不仅自己要和员工沟通，还要引导员工之间相互沟通。我们不难看出，案例中的销售小组成员之所以会各行其是，除了缺乏组织观念、合作意识之外，主要还是缺少沟通。沟通不仅可以优化团队成员的工作方法，而且可以有效地避免成员之间的误会。此外，管理者还要加强对员工的管理，建立良好的管理机制。良好的管理机制可以有效杜绝像信贷部经理刘莹这种滥用职权的行为，促使员工摆正工作态度，为实现一致性目标而努力工作。

案例跟进

1. 加强企业文化宣传工作

建设和宣传企业文化时，只把宣传标语张贴在办公室的墙上，是不会起到多大作用的。正如我们在案例中所看到的，几乎每个办公室每天都能看见有关企业文化的宣传标语，但是员工仍然在做着与企业文化相违背的事情。

这种看似荒诞的现象其实在很多公司都会发生。

关于企业文化的建设，说复杂也复杂，说简单也简单，关键是管理者要全力关注，投入心血。简单来说，管理者需要做好两点：一是管理者要以身作则；二是要持之以恒地引导员工，既要肯定员工符合企业文化的行为，也要纠正员工违反企业文化的行为。企业肯定正确的，忽视错误的，就可以慢慢使一个人、一个团队逐渐成为自己所希望的样子。在引导员工时应该以肯定为主，同时辅以必要的激励手段，比如语言鼓励，颁发荣誉奖、实物奖，发放奖金，为员工提供休假、学习及升职的机会，等等。

可以组织员工做一些比较有特色的团队活动，例如：会议结束后让员工一起喊几句口号，任务下发后让员工统一喊几声“加油”。这些整齐划一的行为可以从点滴之处积攒团队的凝聚力。它不同于传销组织的那种高声呐喊和强行洗脑，它是团队成员在面对工作压力时对自己进行的鼓励，是团队精神的表现。建设良好的企业文化，大力宣传企业文化，可以让每个员工认识到自己是团队的一部分，增强集体荣誉感，自觉地为实现团队的目标奉献自己的智慧和热血。

2. 制订正确的绩效考核指标

案例中，店面的绩效考核机制不明确，考核标准混乱，各自都有自己的利益关注点，最终导致团队目标不一致，大家各自为战，个人和团队工作效率都极为低下。那么，如何才能制订出正确的绩效考核标准呢？

（1）“量”“率”结合。

首先，绩效考核指标是以一定的量化数据来体现的，比如新车销售量、二手车收购量、不同类型汽车销售量、品牌汽车销售量等，这些数据非常直观，是绩效考核指标的基准数值。说过了“量”，我们再来说“率”。“率”是两个相关数据在特定条件下的比值。对于销售行业而言，“率”反映了业务指标等的完成状况。“率”往往和基准考核指标有着联系并受其影响，比如信贷渗透率，就和销量、成交量有着内在联系并受其影响。所以在进行绩效考核时，要“量”“率”结合，二者缺一不可。二者相互佐证对比，才能形成准确的销售数据，如下表所示。

月份	销售量/辆	二手车成交量/辆	二手车完成率	信贷完成量	信贷完成率
1月	100	15	15%	55	55%
2月	120	12	10%	60	50%
3月	175	9	5%	70	40%

表格中，就信贷数据来看，销售顾问每月信贷完成的数量在逐渐上升，不过信贷渗透率却随着整体销售量的提升而下降了。所以，依据单一的销售数据对员工进行绩效考核是片面的、是不太公平的。

另外，还可以采用“量”“利”结合的方式来制订绩效考核指标。案例中，销售经理之所以无所顾忌地压低利润完成车辆销售，就是因为仅仅在数量上有考核，他的指标与二手车部门的利润考核相互冲突。所以，不妨将利润指标和销售量、成交量等指标结合起来，采用“量”“利”结合的方式对销售人员进行绩效考核，这样既可以得出公正的考核结果，又可以避免出现不同部门的销售人员因为绩效考核指标的不同各自为战，甚至互相拆台的现象。

（2）召开绩效考核指标讨论会议。

新制订的绩效考核指标可能还存在一些误差、漏洞，还有待完善。管理者应召开一次绩效考核指标讨论会议，让所有参与绩效考核的销售人员发表自己的意见，提出自己的建议，管理者再结合大家的意见和建议，对绩效考核指标进行修订、完善。同时，在会议中管理者还可以回答并解决大家提出的问题，达成共识，以增强团队成员之间的相互信任程度和团队的凝聚力。

3. 建立良性的沟通和管理机制

良好的沟通和管理机制有助于团队成员朝着一致的目标和统一的方向努力前行。

案例中，张俊东在没有经过事先协商的情况下，就与二手车销售经理冯浩吵了起来，这本身就是一种缺乏沟通的表现。管理者可以每月，甚至每周组织销售人员召开一次销售工作研讨会，讨论工作中产生的问题、矛盾等情况，并当场予以解决。也可以讨论每个销售小组、销售人员的工作进度和绩效考核指标完成情况，提出改进工作的一些方法，以帮助各个销售小组和销售人员提升工作效率。

在管理方面，可以采取自上而下的管理和自下而上的反馈相结合的方式，像金融经理的这种将业务职责变为特殊权力的行为是不能姑息的，可以建立销售经理顾问评选机制，销售总监甚至公司总经理为销售顾问开设垂直沟通渠道，以方便销售顾问反馈问题，还可以采用不记名问卷调查、积分卡评选等方式。时刻提醒销售经理：你们肩负的是职责和使命，个人没有什么特权。这样才能为达成同一目标扫清障碍，完善店内的运营管理。

一致性目标就像靶心，使团队所有成员的力量都集中于此。在确立一致性目标的过程中，个人和团队可以找到自己的发展方向和迈向成功的必经之路。确定一致性目标，不仅可以提升个人和团队的绩效水平，而且有助于每一位团队成员拓宽自己的视野，加强团队成员的合作意识，增强团队凝聚力，促使所有团队成员朝着一致的目标并肩前行，努力奋斗。

能力进阶小课堂

1.一致性目标的制订需要考察各种相关因素，并结合公司的经营战略和团队、销售人员的具体工作情况。

2.一致性目标应当明确、具体，要细化到销量、利润。

3.绩效考核指标并非一成不变，应当根据公司经营、管理政策变化调整、优化、完善绩效考核指标。

4.制订正向激励和负向激励措施，正向激励和负向激励并不矛盾，两者交替使用有助于团队建立核心凝聚力，帮助团队达成目标。

5.团队的成长需要管理者的引导、支持与鼓励，管理者要组织一些团队活动，为每个团队成员提供学习和成长的机会。

魔杖应用案例6 知己知彼，方能游刃有余

了解对手，无论是在战场上还是在商战中，都是一个永恒的话题。但并非在任何时候，我们都可以非常快速而准确地了解对手。我们与对手之间存在价值观的差异、生活习惯的差异、思维的差异、行为的差异等，使得我们在了解对手的过程中，会面临很多的障碍。不了解对手，工作就会陷入被动，就可能遭遇挫折。因此，我们要想方设法克服障碍，快速准确地了解对手，从而制订出正确的行动方案。

案例故事：令人崩溃的混乱交车现场

2018年10月9日，对于张猛来说，既是美好的一天，也是糟糕的一天。美好的是这一天有两位客户一起来店里提车，他终于可以交车了，糟糕的是现在他正站在公司财务部的门口进退两难。屋子里面的王先生正拽着他不放："小张，我说了要赶时间，交车怎么这么久？再说，优惠的金额怎么和订单上写的不一致呀？你给我解释清楚。"门外的陈先生也向他发难："小张，你怎么做生意我不管，我订购的新车已经在洗车间排了一小时的队了，我还是提前和你预约的呢，你什么意思？"

"这位先生，您要讲个先来后到吧？是我先来的。"王先生率先发难。"先来后到？我昨天就已经和他预约过了！"陈先生也不甘示弱，恨不得将手中的手机贴在王先生的脸上，上面显示着昨晚张猛和陈先生的微信聊天记录。陈先生说："明日上午安排我提车。"张猛回复："收到。"

原本不熟的两个人这下认识了，只不过认识的方式有些奇怪。张猛被夹在两人中间，看着两人越吵越凶，满脸无奈却又无计可施。他心中不免感到委屈：早上刚开完会，自己就手忙脚乱地把陈先生订购的新车送去洗车间排队了，紧接着又帮助王先生准备手续，以确保他来了后能更快地交付车款。眼看要到中午了，自己连口水都没来得及喝。这下可好了，自己的辛苦努力没有得到认可不说，两位客户的不满恐怕要影响他们对自己工作和服务的满意度了。难道是自己不够努力吗？明明自己已经很认真工作了，可为什么得不到他们的认可和谅解呢？

同组的销售顾问小刘及时赶到，帮助张猛暂时化解了尴尬，阻止了矛盾的升级。刚才小刘也在给客户交车，忙完自己手头的事情，他就赶紧跑过来帮助张猛了。毕竟十一假期刚刚结束，集中交车是难免的。陈先生在展厅里到处寻找自己的新车，逢人便问自己的爱车在哪，幸好热心的小刘为他指引了一下，否则他又要生气了。

小刘陪同陈先生去洗车间催促洗车进度了，张猛本以为能松口气了，然而新的问题又出现了。王先生带来的交付车款的银行卡是他爱人的，按照公司的规定，王先生需要填写垫付款说明，并提供夫妻二人的身份证复印件。王先生的爱人今天没有同来，很难提供她的身份证复印件。“张猛，你平时就是这么工作的吗？亏我这么信任你，今天这车我不提了，退定金！”王先生提车的喜悦心情被几段“小插曲”搅得烟消云散，一想到自己整个上午的时间就这么被浪费了，忍无可忍的他终于爆发了。

张猛有点儿懵，脑子已经不转了。他跟着王先生从收银室出来，还没想好怎么说，王先生就回过身，大声地对他说：“把你们经理叫来给我评评理，你们就是这么服务的？”

案例情境解析

1. 从客户的角度来看

（1）希望时刻和自己的新车待在一起。

就上述情况而言，客户希望有更多的时间和自己的新车待在一起，多少个日日夜夜，他们朝思暮想的就是手握新车方向盘的那一刻。对于新车，客户的喜悦与期待之情是发自内心的。

（2）时间紧急，越快交车越好。

在客户看来，销售顾问的服务态度在他们交款之前与交款之后是不一样的。也许销售顾问的服务态度并没有什么变化，但客户的感觉就是如此，这也是正常人的一种心理状态。甚至有些客户会在交款之后有些失落和担心，他们很在意销售顾问的反应，担心对方的服务出现很大的落差，因此他们希望销售顾问能尽快交车。在这种心态下，销售顾问就好比被放在显微镜下观察，任何细小的疏忽与失误，都会被客户解读为“怠慢”。而受这种感受影响的销售顾问，有时就会出现手忙脚乱的情况。

（3）有效的反馈，可视的进度。

整个展厅找不到自己的新车，付款细节没有提前说明，付款金额与订单上的金额不相符，这些都是客户在销售顾问交付车辆的时候最不愿意看到的。客户希望销售顾问能够告诉自己应该怎么做，希望销售顾问能够四平八稳地完成每一道交车手续，一切都按照计划进行，不要出现什么差错，整个交车过程应当顺利、高效。

2. 从销售顾问的角度来看

（1）没有做好预约交车的准备工作。

所谓预约交车，就是根据客户的需求，在未来的某个时间段里安排车辆的交付，以便更好地满足客户的愿望。通过提前准备，销售顾问可以优化时间安排，提高车辆交付效率，所以有些不需要客户在场的交车事项，销售顾问可以预先完成。案例中张猛的问题在于他事先没有做好预约交车的规划工作，造成在交车过程中出现了他意想不到的情况。结果王先生和陈先生满怀喜悦而来，而张猛的交车工作让他们大失所望，于是对张猛极为不满，给张猛贴上了“不靠谱”的标签。

（2）交车事项的告知和说明不到位。

客户不都是按照约定的时间来店里提车的，有的客户会心血来潮，突然造访；而有的爽快的客户甚至会选择现场购车、提车。在整个交易的过程中，客户最重视的就是交车环节，而客户的期望又是不一样的。有的客户期望交车环节会有很多“节目”，会带着家人朋友一起来感受；有的客户则期望拿到钥匙后能开车就走，所以就准备在展厅停留很短的时间。这种对于交车流程的认知差异，导致不同的客户在展厅的表现有所不同。所以，为了应对各种突发情况，保证交车工作顺利进行，事先就交易事项向客户进行说明就显得尤为重要了。

（3）没做到及时反馈。

我们在网上购物时，下订单后，物流公司会不断更新物流信息，告知我们物品的运输进度，这就是反馈。销售顾问在交车过程中，尤其是在不能时刻陪在客户身边的时候，也要向客户反馈交易信息，让客户了解交车的进度。客户并非一定要销售顾问五分钟之内就把所有交车工作做完，他们也允许销售顾问花费合理的时间，但他们不能接受信息不对称。他们认为，销售顾问向他们反馈交易信息，不仅仅是专业的表现，更是对他们的一种尊重。

交车环节的注意事项：

（1）管理者对交车环节要进行有效管理。

管理者应重视交车环节的工作，应在交车前一天召开销售小组会议，对次日交车数量、客户到店时间、客户到店人数等相关信息进行统计，同时还应该了解客户的特性与需求，根据客户的特性与需求来设计交车流程。在提车客户较多的情况下，进行人员协调，保证每个客户都有人接待、照顾。这样可以提高交车效率，减少交车过程中的错误。

（2）加强团队协作。

案例中的张猛在交车时手忙脚乱，无暇顾及两位客户的需求，又碍于面子不愿向同事寻求帮助，结果导致事态恶化，交易无法继续进行。其实，面子只是一方面，最为根本的原因在于张猛觉得大家的时间都很宝贵，如果别的同事抽出时间来帮他，那么势必影响这位同事自己的交车或接待工作。求助别人，欠别人人情，还不如咬咬牙，独自解决问题。其实，无论是销售顾问还是管理者，都应该重视团队的作用，加强团队协作，因为团队协作能够产生1+1>2的效果。

（3）换位思考。

在消费过程中，客户的心理需求与变化和平时是不一样的，销售顾问普遍比较年轻，缺乏换位思考的意识，同时也缺少客户那种大额消费的经验，因此很难准确揣摩客户的心理需求，甚至有些销售顾问会觉得客户是在小题大做，故意挑毛病。还有的销售顾问想当然地认为客户应该知道所有交易事项，比如案例中的张猛，他认为客户应该知道在交款时刷别人的银行卡，是需要获得别人的授权并提供别人的身份证的。而事实是，客户又不是专业的汽车销售人员，他们怎么可能知道得这么详细呢？因此，销售顾问要培养换位思考的习惯，要多从客户的角度来考虑问题，这样才能推进交易顺利达成。

案例跟进

1.向客户道歉，并做出解释

认真反省自己工作中的失误和问题，向客户道歉并请求客户的原谅，同时对客户提出的问题予以解释。毕竟从购车、看车到成交，双方打交道的时间也不短了，客户也许只是一时心急，不一定真的想把关系搞僵。这里要说明的是，有些汽车店面的优惠方式可能是，优惠在未来的数月内按一定比例以现金或优惠券的形式逐次返还给客户，所以张猛应当就付款方式和优惠过程向王先生做出更详细的解释，以打消王先生的顾虑。

2.制订应急方案

要通过与展厅经理商量，制订应急方案。因王先生的爱人有事不能到店，故可以打电话告诉她采取网银转账的方式，将车款从其银行卡中转至王先生的银行卡中，但因王先生爱人的银行卡有转账限额，所以展厅经理决定派专人专车去王先生爱人的公司，将垫付证明交给她签字，顺便将她的身份证取回来。在等待的过程中，将接下来交车所需的步骤、所需的时间告诉王先生，让他做到心中有数，然后询问他的意愿。当王先生表示希望抓紧时间，不愿在客休区等待时，展厅经理随即安排张猛为王先生洗好车，之后向王先生讲解车辆的功能和驾车技巧。张猛非常详细、认真地为王先生讲解和示范，并让王先生自己尝试开车。张猛还根据自身的用车经验向客户传递安全驾驶意识，告知他用车注意事项。整个过程下来，花费了很多的时间，但王先生并没有不耐烦，并表示张猛所介绍的确实非常有用。

3.同事帮助共同解决问题

一心不可二用，展厅经理指派其他同事将张猛的另外一位客户陈先生照顾好，全程帮其办理交车手续。张猛向陈先生表示歉意之后，就将自己所有的注意力放在王先生这里，专心为王先生服务。

4.与客户共进午餐

临近中午，张猛专门为王先生叫了外卖，自己也陪同王先生一起用餐。可口的饭菜摆在眼前，使得王先生有点不好意思，他感受到了眼前这个小伙子的诚恳与用心。

5.展厅经理向客户致谢

顺利交款、开票之后，展厅经理将事先准备好的一个上面刻有“出入平安”的小挂件，亲手挂在了王先生和陈先生新车的内后视镜上，接着又给了他们一人一张自己签名的卡片，告知客户持卡可以在未来享受两次免费检测的服务。最后，展厅经理再次为耽误了王先生和陈先生的时间而向他们表示歉意。真诚之举可以弥补过错，王先生和陈先生最后带着愉快的心情离店。

处理客户的异议，可以有各种各样的方法，诸如探询、解答、暂缓成交、引导客户达成共识等，此外还需要了解客户，知道客户有什么样的需求，什么样的脾气秉性，这样才能对症下药，将客户的异议消除在萌芽状态。了解客户，就要了解他们的性格类型与沟通风格。

1. **老虎型**

（1）性格特质。

精力充沛，有干劲，充满自信，有野心，爱挑战，竞争性强，易于适应环境，追求成功，重视胜败，重视形象，不太重视感觉与情绪。

（2）外表及气质。

醒目，风头强劲，穿着讲究配搭，仪表出众。

（3）沟通常用词汇。

目标、价值、意义、抓紧/浪费时间、竞争、面子、就这么定了。

（4）情感需求。

注重安全感，做事追求万无一失。对自己和别人都严格要求，甚至苛刻。喜欢较大的个人空间，害怕被人亲近。

（5）针对老虎型客户的沟通技巧。

遵守时间，多听少说，做记录，不随便插话；不要过于亲热友好，尊重客户的空间需求；公事公办，着装正统严肃，讲话要用专业术语；摆事实，讲道理，多用数字；语速放慢，条理清楚；谈具体行动和想法，而不谈感受；避免侵略性身体语言，说话时身体略向后倾。

2. 猫头鹰型

（1）性格特质。

克制情绪，做事喜欢井井有条，发表意见前往往权衡再三，令人捉摸不透，拥有警觉性的眼神，容易焦虑及不安。

（2）外表及气质。

醒目，穿着讲究配搭，仪表出众。

（3）沟通常用词汇。

数据、参数、性价比、时间、流程、方法、如何证明。

（4）情感需求。

喜欢直接的、准确的回答，看重有事实依据的观点，有大量的新想法，做事追求高效率，注重明显的结果。

（5）针对猫头鹰型客户的沟通技巧。

直接切入主题，不用寒暄，多说少问；充分准备，实话实说，而且声音洪亮，加快语速；提纲挈领，重点描述行动结果；行动要有计划，计划要严谨高效；处理问题要及时，阐述观点要强有力；从结果的角度谈，而不谈感受；提供两到三个方案供其选择；增加眼光接触的频率和强度，说话时身体前倾。

3. 孔雀型

（1）性格特质。

开心，热情，充满欢乐；多才多艺，对事物有敏锐的洞察力，有创造力，喜欢新鲜事物，爱活动，主意多；专注自己的需求，追求个人的满足，对别人的需求不够敏感。

（2）外表及气质。

开朗热情，神采飞扬，笑容亲切。

（3）沟通常用词汇。

新鲜、好奇、不好玩、兴趣、闷、喜欢、简单、约束。

（4）情感需求。

渴望获得公众的认可和鼓励，喜欢热闹的环境，重视民主的关系和友好的气氛，喜欢展示自己，希望有人帮助自己实现创意。

（5）针对孔雀型客户的沟通技巧。

声音洪亮，热情，微笑；大胆创意，敢于提出新的、独特的观点；着眼全局；书面报告要简单扼要，重点突出；讨论问题时反应迅速，及时做出决策；夸大身体语言，加强目光接触，要有积极的合作态度；给他们时间说话，并适时地称赞他们；明确目的，讲话直率；重要事情一定要以书面形式与其确认。

4. 考拉型

（1）性格特质。

善解人意，对人的洞察力强，较被动，不爱与人发生冲突，有“选择障碍症”，在很多关键时刻他们需要别人的提醒和适当地替他们做出一些决定。

（2）外表及气质。

一名好好先生，随和，淡定平静，朴实无华。

（3）沟通常用词汇。

我无所谓、都可以、你拿主意吧、你说了算。

（4）情感需求。

注重安全感、友好的关系、真诚的赞赏及肯定，肯定传统的生活方式，做事按照规定好的程序进行。

（5）针对考拉型客户的沟通技巧。

热情微笑，营造友好气氛；放慢语速，以友好且非正式的方式交谈；建立相互间的信任关系，表现出自己的谦虚态度；从对方角度理解问题，适当重复对方的观点，以示重视；决策时不要给对方施加压力，不要过分催促对方；当对方不说话时，要主动询问对方的意见；避免使用侵略性的身体语言，阐述观点时身体略向后倾。

能力进阶小课堂

1.花小钱办大事，准备一些小礼物，赠送给客户。赠送时要说些客户爱听的话，比如，“这是我专门买的，只有三个，两个送给家人了，这里还有一个，送给您，不成敬意，只求行车平安”。

2.交车前一天，再次以短信的形式告知客户交车时间，应携带的证件和资料，并与客户确认付款方式。

3.及时识别交车日对客户是否有特殊的意义，如果是结婚纪念日、配偶的生日等，那么要做好相应的准备。

4.离开客户时，及时告知客户提车的“进度条”。

5.平时在工作中主动帮助同事，与同事团结互助。

6.销售顾问在业余时间要走访一些同行以及其他行业的店面，观察并学习优秀销售人员的工作方法。

7.店内的管理者要为销售顾问安排专门的客户异议处理技巧培训活动，并组织销售顾问进行演练。

8.团队和个人要把自己的精神调整到与客户“同频”的状态，将交车环节视为最重要的事情来对待。

9.交车时要给客户提供纸质说明文件。

魔杖法力加强实战1　DCC销售集客诊断与提升

DCC（拨号控制中心，是Dial、Control、Center三个英文单词的缩写）业务的相关指标数据提升快速而有效，这其实与汽车销售管理者的重视程度密不可分。当资源有所倾斜，客户关注度提升后，DCC是最容易见到成效的提升方向。细节决定成败，要想有效地提升DCC业务，就需要对整个DCC的销售流程进行逐一梳理，顺着销售漏斗一一排查，找出问题，逐个击破。

困境：DCC业务下滑严重

华南某品牌汽车经销商，销售总监是由本店销售经理升上来的，已到岗3个月时间。由于当地疫情的反复，每天进入展厅的客户寥寥无几。同时，由于店内DCC经理近期离职，DCC的总线索量、有效线索量及汽车销售量都有了不同幅度的下降。销售总监希望通过运用一些针对性措施，将DCC业务作为重点环节抓起来，增加集客量，确保店面销售任务的完成。

魔杖思路：抓好三大重点

1. 抓重点过程指标

（1）网络累计线索量。

（2）网络线索有效率。

（3）网络邀约客户到店率。

（4）客户到店成交率。

（5）数字营销占比。

2. 抓垂直媒体维护

（1）垂直媒体首页位置。

（2）垂直媒体点击量。

（3）推送软文阅读量。

（4）新媒体揽客分析。

3. 抓人员能力提升

（1）数字营销专员网站维护能力。

（2）数字营销专员软文编写能力。

（3）网店销售顾问到店邀约能力。

（4）网店销售顾问到店成交能力。

思路实施：三管齐下

1. 线索获取

（1）对目前的线索获取渠道进行筛选，确定了以下几个利用率较高的渠道。

① 垂直媒体：汽车之家、易车网、搜狐汽车、太平洋汽车、爱卡汽车。

② 搜索引擎：百度地图、百度知道、高德地图、其他百度系产品。

③ 直播平台：抖音、快手、火山小视频。

④ 点评反馈：大众点评、美团、小红书。

⑤ 网络社区：微信公众号、微信群、微博或其他经销商自有App。

（2）目前垂直媒体是获取客户线索最主要的渠道，在短时间内要想获得线索量的增长，必须重视垂直媒体。

① 对经销商所在垂直媒体的首页内容进行调整。

主页通栏：	店面印象：	焦点图：
a. 个性化背景图片； b. 经销商优势； c. 最新市场活动； d. 联系电话； e. 地理位置信息	a. 店面端销售评价； b. 经销商满意度	a. 图片展示数量与质量； b. 销售活动； c. 包邮客户市场活动； d. 衍生业务：金融、二手车、延保、续保，等等

② 对经销商所在垂直媒体的店面内容进行调整。

公司介绍：	店面展示：
a.店面印象； b.独特优势呈现	a.图片展示数量与质量； b.全方位优势展示

③ 对经销商销售顾问形象展示页进行调整。

④ 对日常发布软文内容及结构进行调整。

新闻资讯：
a.新闻类型覆盖率； b.新闻发布时间； c.独特优势呈现

⑤ 对垂直媒体的后台管理进行重新定义。

基础运营：垂直网站会员级别、网站维护专人绩效。

日常维护：网站得分排名、线索及时获取。

技巧提升：版面设计、软文推送。

规则拓展：硬性推送、渠道拓展。

2. 线索转化

（1）对电话录音进行有效监控。

（2）筛选有效线索：来电电话为真实电话号码，客户有购车意向，车辆在可售区域范围内。

（3）管控有效客户：无效客户的录音检核，对标录音无效原因是否真实。

3. 客户邀约

（1）对DCC客户进行更为有效的级别划分。

级别	H	A	B	C	N
分值	80~100	60~80	40~60	20~40	0~20
加分项：如长库龄车型加10分，店内促销车型加5分；其他参考：车牌、衍生等					

（2）对线索邀约管控流程进行重新梳理，并明确邀约亮点。

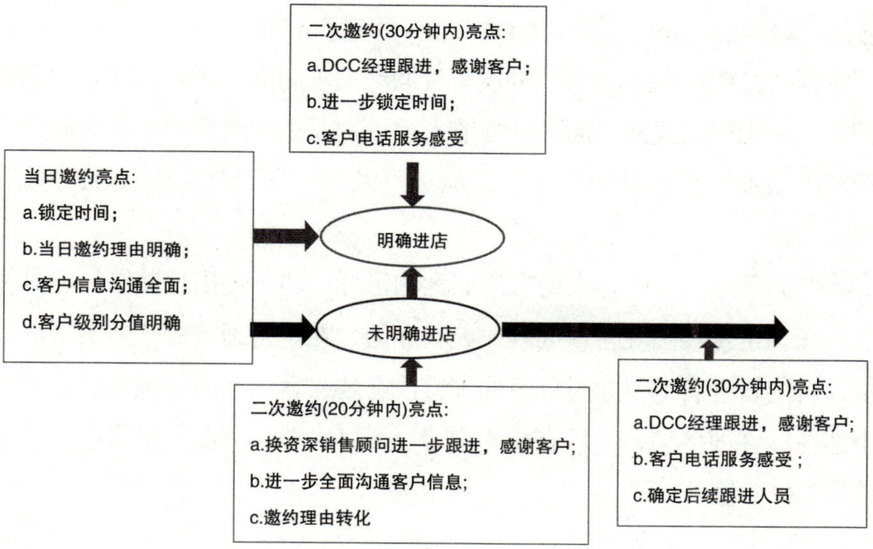

（3）对客户进店后的MOT（关键时刻，Moments of Truth）点进行梳理，提升客户体验感及满意度，从而提升成交率。

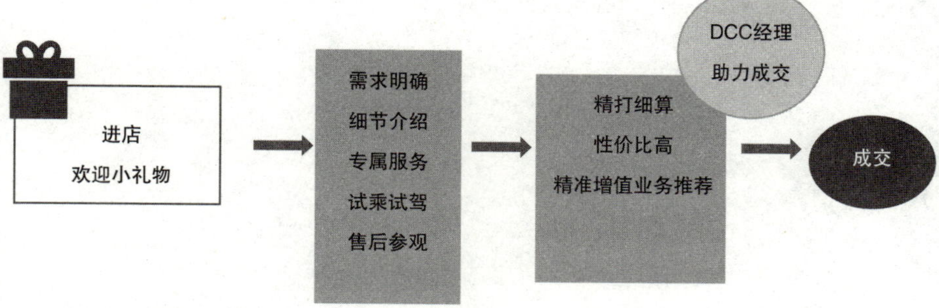

改进措施执行两个月之后，各项指标数据统计如下：

DDC业务获得明显提升，各垂直媒体当月浏览量从6300提升到9300，提升幅度为48%；网络累计线索量从370增长到510，增长幅度为38%；网络线索有效率与原有数据基本持平，维持在40%左右，网络邀约到店率从15%提升到21%，到店成交率从31%提升到42%，数字营销占比从32%提升到45%。

在案例中，经销商及时有效地对DCC业务中出现的问题进行了诊断，在诊断的基础上，对DCC的销售流程进行梳理，找出了流程中出现的问题和解决方法，最终使已经出现偏差的DCC业务回到了正轨。

案例中，针对DCC业务，并没有片面地追求店面的集客量或客户到店率等相关业务指标的提升，而是从细节入手，查找工作流程中存在的问题，找出最容易改变、见效最快的环节，从点滴做起，从而改变DCC业务的整体局面。

我们的日常工作中，大的方向、大的目标一般不会出现差错，但具体到细节层面，常常会出现各种问题。究其原因，在于管理者的管理不得法、不到位，有的管理者觉得太过细节的地方没必要去管，甚至干脆忽略。然而细节中往往存在很多隐患，只有关注细节、抓好细节，才能杜绝隐患，从而提高整体工作质量。

魔杖法力加强实战2 对问题顾问的有效辅导

在对销售顾问进行业务培训和工作辅导之前，应该明确销售顾问的工作动机，判定销售顾问的实际需求，之后根据销售顾问的实际需求，引导销售顾问找到解决问题的办法，提升其主观能动性。

困境：顾问能力提升遇到瓶颈

某汽车经销店非常注重销售顾问的业务培训工作。销售顾问小林是某名牌大学的应届毕业生，被该店列为重点培养对象，但是他入店一段时间后业绩表现平平，店面管理者为此十分苦恼，仅凭绩效考核难以衡量、提升这位销售顾问的能力，因此希望辅导老师对小林进行业务辅导，帮助他提高销售能力。

魔杖思路与实施：教练式辅导发挥魔力

小林是某名牌大学的应届毕业生，在校期间成绩优异，表现突出，曾担任校学生会主席。某汽车经销店对小林很是认可，在经过初试、复试后，招聘部门将小林招进店内，打算对他进行重点培养。

实习期间，小林表现不错，经历了3个月的实习期后转正，成为一名销售顾问。但是转正后的小林销售业绩一直没有什么起色，经过一年的时间，他已经处于销售团队后三名的位置，已经处在被淘汰的边缘了。对此，店内管理者非常费解，于是希望辅导老师对小林进行业务辅导，帮助他找出自己业绩不能提高的原因，以便改正缺点，提高销售能力。

小林遇到了什么问题呢？如果你是小林的销售经理，你打算从哪些方面帮助他脱离困境呢？

负责辅导小林的张老师入店，小林与张老师相互问好后，辅导工作开始，辅导工作记录如下。

张老师：小林，你能告诉我，你每月的销售任务是多少辆汽车吗？

小林：12辆。

张老师：这12辆汽车是公司分配给你的任务，还是你自己主动申请的呢？

小林：当然是公司分配的了。

张老师：好的，小林，现在这12辆车的销售任务是公司分配给你的。那么你认为多少辆的销售任务才合适呢？

小林：嗯……张老师，我认为应该是6辆。

张老师：按照你的水平，正常发挥的情况下，你认为你每个月能卖出多少辆汽车？

小林：我应该可以卖出5辆。

张老师：好的，那你认为最少卖出几辆才可以交差呢？

小林：起码要3辆吧。

张老师：那么，所有的领导都认为你每月的销售任务应该是12辆，是什么让你判定你的销售任务是3辆呢？你必须明白，你如果每个月只卖出3辆车，你的工作就危险了。

小林：因为卖出3辆对我来说压力不大，而且收入和我身边的朋友相比已经非常高了，工作体面稳定，我对这样的状态很满意呀。

张老师：只卖出3辆车，你的销售业绩就会一直处于末尾，你认为自己可以稳定地在公司待下去吗？如果不能，你所谓的体面的工作、值得炫耀的收入将会荡然无存，一切让你满意的现状也将不复存在。

小林有些吃惊，张老师指出了自己即将面临的危机，而自己从未考虑过这一点。

张老师：不如这样，我知道了你的需求，我们在满足你需求的前提下，尽量让你的未来变得更好。请你重新审视你的任务，设定一个新目标，你认为你每月的销售任务应该是多少辆呢？

小林：我认为是9辆。

张老师：很好，你有了新的目标，那就要努力去实现它。你有什么计划吗？

小林：说老实话，张老师，我没什么计划，而且信心不足。

张老师：那好，我们来模拟一下销售过程。你今天是否有约好的客户来看车呢？

小林：有一位王先生会来看车，我认为已经到了能够成交的阶段了。

张老师：你是如何判断客户即将成交的？

小林：首先客户对于车辆非常认可，我看得出来，他非常喜欢××这款车；其次，在和客户聊天的过程中，我了解到，只要再优惠2000元，客户应该就可以成交了。

张老师：好的，我同意你的判断。但是今天我明确告诉你，那2000元优惠的事情不要想了，不能让价。你需要从别的角度去想想如何引导这位客户成交。

小林（很是沮丧，沉默良久）：张老师，我想不到更好的办法。

张老师：没关系，我相信你一定能想到好办法。你回忆一下最近自己买东西讨价还价无果，你既心疼，东西又让你非常喜欢，最后不得不买的消费经历是怎样的。

小林（眼前一亮）：还真有，我买了一双阿迪达斯的球鞋，就在前不久买的。此前我在网上关注了很久，看到店内的实物球鞋真是太喜欢了。我朋友劝我再考虑一下，毕竟3000元左右的价格还是很贵的，而且又没什么优惠。最后我还是买了，因为很喜欢这双鞋。

张老师：很好，那在你购买的过程中，店里做了什么事情让你很开心，很惊喜？

小林：一个店员为我找了一个非常漂亮的袋子，很精致，对此我很开心。

张老师：好的，这个经历非常好。现在你就是店员，有一位很喜欢××车的客人即将来店，他对这款车的喜爱程度应该不亚于你对那双球鞋的喜爱程度。我们只缺少一个小惊喜，你比我更了解这位客户，你想一下，他最想要什么呢？

小林（思考片刻，灵机一动）：这位客户很爱吸烟，此前，我参加培训时获得了一个品牌打火机，将这个打火机作为礼物送给客户，一定能让客户非常高兴。

张老师：很好，我现在就是客户，你不妨向我表达一下你的心意。

小林和张老师开始销售演练。

不久，客户如约而至，销售演练暂时中止，小林赶到前台接待客户。20分钟后，小林高兴地来到了培训室，把好消息告诉了张老师：这一单成功签订，没有让价，但客户非常满意。整个谈判过程都是按照演练的思路推进的，这单的成功签订在很大程度上提升了小林对自己的信心。

之后，小林整体业绩明显提升。凭借优秀的学习能力，小林总结出了很多销售技巧，汽车成交率也明显攀升，他现在月均汽车销售量达到了10辆。

案例中，销售顾问有着很强的学习能力，但是业绩差强人意，仅靠绩效考核是难以达到提高其销售能力的目的的，重要的是要找准销售顾问的实际需求，从深层原因出发，帮助销售顾问梳理工作思路，从而促进销售顾问自己查找问题所在，自行总结问题的解决方案，主动提升业绩。

魔杖法力加强实战 3　KPI 绩效考核机制的灵活运用

KPI绩效考核机制是一种可视化的绩效管理制度，为销售顾问制订了清晰的工作任务和目标，方便管理者对销售顾问的工作情况做出正确的评价，再结合销售数据，对他们提出明确的工作改进计划，从而帮助销售顾问提升业绩水平。KPI考核表中的考核项目是依据店内遇到的实际问题设计的，非常具有针对性。在实际的绩效管理过程中，还应根据不同时期所面临的问题，对KPI考核表中的项目进行更新。

困境：老店遇到的新问题

某汽车经销商是一家10年老店，汽车销售量在当地经销商中一直名列前茅。但是，新来的销售总监发现店内日常管理存在很大的问题，销售顾问们的工作杂乱无序，原本稳定的销售量也在汽车市场的激烈竞争中开始下滑，销售顾问们日渐消沉，客户满意度明显下降。这对于新任销售总监来说无疑是一个巨大的挑战。于是，销售总监召集销售团队召开紧急会议，目的是找出目前店面管理中的漏洞，制订精细化绩效考核办法，改善店面现状。

魔杖思路与实施：精准识别+高效工具

1. 识别问题点

（1）销售顾问对客户接待流程的不重视，导致他们在展厅接待客户时思想散漫，挑选客户现象非常严重。对“意向不强烈”的客户，他们不主动接待，也不注意留存这些客户的信息，导致不少客户流失。

（2）销售顾问在产品展示环节缺少技巧和方法，展示过程不符合客户的需求，店面难点车型销售困难。

（3）留档客户资源管理不到位，很多客户信息没有及时录入系统，当天接待无记录，没有进一步的跟进计划。

（4）对于系统中的客户资源不珍惜，回访跟进客户不及时，邀约客户不及时，甚至不邀约客户，等待客户主动联系，错失了成交的最佳时机，导致店面活动效果差。

（5）对于已经成交的客户服务意识差，客户满意度低，甚至由于交车不及时导致客户投诉。

（6）销售顾问对自己的工作环境不爱惜，办公区域杂乱不堪，给客户留下的印象很不好。

2. 制订整改措施

根据以上情况，销售总监决定对店面现状进行彻底整改，针对问题点制订绩效考核指标，形成销售顾问日常KPI绩效考核机制，由各部门联合进行分层管理，持考核得分作为评定销售顾问薪酬的重要依据。

3. 设计绩效考核项目

根据销售顾问日常工作情况设计如下绩效考核项目，目的是推行精细化管理，提高销售顾问工作的积极性。

（1）业务指标：所占比例为23%。

该项指标针对的是销售顾问的主要工作内容，销售顾问的销售任务完成情况根据财务部门提供的准确数据进行评定，并且由销售经理进行审核。与此同时，专门制订了特殊车型销售奖励机制，以期帮助店面消化库存车和难卖车。

（2）流程指标：所占比例为37%。

① 邀约客户到店率：强化销售顾问的客户邀约能力，为接下来的店内活动、新品上市做好准备；同时也能提高销售顾问的信息维护能力，培养、提

升销售顾问客户维系的意识和能力，保持已有客户的信息活性，提高客户成交率。

② 客户留档率：留档率的考核将大大减少展厅客户的流失量，确保到店客户数量的持续增长。

③ 系统录入情况：是与客户留档率一样重要的一项考核指标，考核销售顾问从客户信息留存到在系统中录入客户信息的工作情况。这对于养成良好的工作习惯，信息维护的完整性以及客户邀约计划的制订都非常重要。

④ 神秘客户管理：考核销售顾问对于销售流程的重视程度，提升经销商神秘客户数量，达成管理目标。

⑤ 试驾率：考核销售顾问利用动态展示环节，充分展示产品性能，为客户带来全面车辆体验的能力，有助于销售难卖车、高配置车。

⑥ 客户档案管理：用于考查销售顾问客户档案交付的及时性，以与售后形成良好的信息对接关系，为店面售前售后的良性循环打下基础。

（3）服务质量：所占比例为10%。

① 客户满意度：直接反映客户对于整个成交环节的感受，提升销售顾问的服务意识，对于店面树立口碑起到了重要作用。

② 客户投诉率：店内管理要求0投诉，对于销售顾问来说，这一点非常重要，因为客户的每次投诉都意味着前面的服务付诸东流。控制客户投诉率，就等于节省服务成本。

（4）日常工作KPI：所占比例为20%。

① 日常工作及5S管理（整理、整顿、清扫、清洁、素养）：标准化日常管理体系能帮助销售顾问建立工作计划，养成良好的工作习惯，从而改善展厅内开放式办公区域的环境。

② 交车及时率：考核销售顾问能否及时向客户交付车辆，以便消化库存，释放库存资源。

③ 退单。

（5）上级领导评价：所占比例为10%。

销售顾问的工作状态，系统的日常维护情况，培训参与率等，都是销售顾问日常工作中的重要考核指标，都需要经过上级管理人员的审查和评定。

4. 销售顾问日常KPI考核表示例

<table>
<tr><td colspan="2">姓名</td><td colspan="2"></td><td>部门</td><td>销售部</td><td>职位</td><td>销售顾问</td><td colspan="2">考核月份</td><td>2021年9月</td></tr>
<tr><td>考核项目</td><td>考核指标</td><td>分值</td><td>考核细则</td><td colspan="3">考核标准</td><td>完成情况</td><td>得分</td><td>考核人</td><td>数据来源</td></tr>
<tr><td rowspan="2">业务指标</td><td>交车目标</td><td>15</td><td>开票为准</td><td colspan="3">若交车完成率＜60%，绩效为0；若60%≤交车完成率＜80%，当月绩效为目标达成率×80%；若80%≤交车完成率≤105%，当月绩效为相应的达成率；若交车完成率＞105%，当月绩效为105%</td><td>90%</td><td>13.5</td><td>销售经理</td><td>财务数据</td></tr>
<tr><td>特殊车型</td><td>8</td><td>按照销售总监每月28日下发的特殊车辆考核</td><td colspan="3">按照达成率给予考核分数</td><td>0%</td><td>0</td><td>销售经理</td><td>财务数据</td></tr>
<tr><td rowspan="6">流程指标</td><td>邀约客户到店率</td><td>7</td><td>每月根据销售任务制订邀约客户指标（订单任务的2.5倍）</td><td colspan="3">按完成比例扣分，同一批客户多次来店只算一次</td><td>100%</td><td>7.00</td><td>销售经理</td><td>销售统计表</td></tr>
<tr><td>客户留档率</td><td>5</td><td>首次来店留档率（客户姓名、客户电话、信息来源）</td><td colspan="3">＜85%，为0分；85%≤留档率≤95%，按实际留档率计算，如留档率为90%，得分为5×90%；≥95%，为满分；低于80%，此项不得分</td><td>93.18%</td><td>4.66</td><td>销售经理</td><td>客服数据</td></tr>
<tr><td>客户档案管理</td><td>5</td><td>交车后客户档案24小时内提交</td><td colspan="3">延迟每单扣1分；缺失文件须7天内补齐，少一份扣1分</td><td>80%</td><td>4.00</td><td>销售经理</td><td>客服数据</td></tr>
<tr><td>系统录入情况</td><td>5</td><td>当天信息当天录入</td><td colspan="3">延迟录入一次扣1分，未录入一次扣2分</td><td>100%</td><td>5.00</td><td>销售经理</td><td>客服数据</td></tr>
<tr><td>神秘客户管理</td><td>10</td><td>以流程为准</td><td colspan="3">满分为10分；＜90分，为0分；90≤X≤95，5分；95＜X≤98，7分；98＜X，9分</td><td>90%</td><td>9.00</td><td>销售经理</td><td>客服数据</td></tr>
<tr><td>试驾率</td><td>5</td><td>销售部</td><td colspan="3">当月试驾客户数量/当月留档客户数×100%</td><td>70%</td><td>3.5</td><td>销售经理</td><td>销售业务数据</td></tr>
</table>

续表

<table>
<tr><td colspan="2">姓名</td><td colspan="2"></td><td>部门</td><td>销售部</td><td>职位</td><td>销售顾问</td><td colspan="2">考核月份</td><td>2021年9月</td></tr>
<tr><td>考核项目</td><td>考核指标</td><td>分值</td><td>考核细则</td><td colspan="3">考核标准</td><td>完成情况</td><td>得分</td><td>考核人</td><td>数据来源</td></tr>
<tr><td>服务质量</td><td>客户满意度</td><td>5</td><td>以客户满意度调查表为准，总分为120分</td><td colspan="3">当月交车面访率＜100%，为0分；＜115分，为0分；115＜X≤117，2分；117＜X≤118，3分；118＜X≤119，4分；＞119，5分</td><td>面访率100%；店内满意度调查：114</td><td>0.00</td><td>销售经理</td><td>客户数据</td></tr>
<tr><td>服务质量</td><td>投诉率</td><td>5</td><td>0投诉</td><td colspan="3">如当月出现客户向公司投诉1单，投诉成立，为0分；如出现公司内部投诉，投诉成立，每单扣1.5分；如出现客户抱怨或投诉，未按客户抱怨或投诉管理规定处理和及时制订改善措施，每次扣2分</td><td>0投诉</td><td>5.00</td><td>销售经理</td><td>客户数据</td></tr>
<tr><td rowspan="3">日常工作KPI</td><td>日常工作及5S管理</td><td>5</td><td>参照日常检查表</td><td colspan="3">一项不达标扣0.1分（第二天重复出现同样问题加倍扣分）</td><td></td><td>5.00</td><td>销售经理</td><td>销售日常检查</td></tr>
<tr><td>交车及时率</td><td>10</td><td>自订单配车日计算，若付款方式为按揭，则开票时间为15天；若付款方式为一次性付款，则开票日期为7天</td><td colspan="3">自定车配车日计算，若付款方式为按揭，交车期为15天；若付款方式为一次性付款，交车期为7天。全月80%≤交车及时率＜90%，则绩效为100%；若交车及时率高于90%，则绩效为120%；若60%≤交车及时率＜80%，则绩效为交车及时率×0.8；若交车及时率＜60%，则绩效为0（交车及时率=当月交车数/本月前已配车数量+本月新增订单配车量）</td><td>71.43%</td><td>5.71</td><td>销售经理</td><td>财务数据</td></tr>
<tr><td>退单</td><td>5</td><td>0退单</td><td colspan="3">当月有一单退款情况，该项得分为零</td><td>0</td><td>5</td><td>销售经理</td><td>财务数据</td></tr>
</table>

续表

姓名				部门	销售部	职位	销售顾问	考核月份	2021年9月
考核项目	考核指标	分值	考核细则	考核标准		完成情况	得分	考核人	数据来源
上级领导评价	销售顾问的工作状态、系统维护情况、培训参考率等等	10	由上级领导评定	满意度（若当月交车的客户全满意，加1分）；出勤率（当月满勤未请假加1分）；CRM（当月系统无任何逾期、遗漏、延迟录入等加1分）；培训考核成绩优秀加1分；协助处理客户投诉奖励1分；提出流程改善意见被采纳，奖励1分；取得厂家销售顾问认证奖励5分，没通过扣5分；运营检查通过加5分，不通过扣5分；秘采95分以上加10分，低于90分扣5分，低于80分扣10分			10	销售经理、销售总监	
总分	100. 00						77.37		
备注	日常管理KPI系数=总得分/100，得90分到100分为1。以上分值为得分分值，对于重复犯错者，在扣满得分情况下，允许倒扣分（对上个月扣分本月绩效依然没有改善的，可双倍扣分。）								
绩效改进要点	失分项			改进措施					
部门内排名		绩效等级		被考核人签名			考核人签名		
部门负责人审核				总经理审批					

该汽车经销商通过对销售顾问实施KPI绩效考核管理，逐步改善了展厅内销售顾问的工作状态，销售顾问的工作能力得以提升，管理者判断和分析

能力也逐渐提升，客户感受很好，在次年的区域满意度评选中进入了第一梯队。整个店面的运营进入了良性循环，并且销售量稳定增长。

对于管理者来说，案例中经销商的绩效考核办法非常值得借鉴。该经销商的绩效考核思路非常清晰：借助结果导向识别目前店内情况，然后通过过程管理进行问题判断，针对问题点设计销售顾问绩效考核项目，这样就能够有效地解决店面遇到的实际问题。当然，在具体的执行过程中还是有难度的，比如需要财务和客服的数据支持，需要销售经理每日开展点检工作等，这大大地增加了管理者的工作量。但是从结果来看，这些付出是非常值得的。KPI绩效考核机制的实施，使得销售顾问的绩效完成情况可视化、透明化，所设计的销售顾问提升计划也会得到销售顾问的认可。

第二篇

“突破魔杖”：
“资源+创新”是开辟销售新战线的有力武器

魔杖应用案例1　借助外部资源突破困境

善于利用外部资源解决问题，是一个人乃至一个团队都应具备的一项能力。面对复杂多变的市场形势，有效利用外部资源，体现了一个人工作的灵活性和思维的敏捷性。工作中，我们要清晰地了解自己身处的位置，可能面临的挑战与威胁，可能得到哪些资源的支持，如何快速调动这些资源，等等。而有时，我们也需要转换视角，不光要清楚自身的资源，同时也要分析对手的资源。

案例故事：销售困境下的突破

一间普通的会议室里，弥漫着紧张的气氛。会议室非常安静，甚至可以听到每一个人的呼吸声，不时传来清脆的“咔哒”声……

此时正值湖南4月中气温最高的一天，31摄氏度的高温把会议室变成了一个温泉馆。一个个子不高，略显微胖的中年男人的头上不断流着汗，手里不停摆弄着PPT的遥控器，“咔哒”的声音就是他下意识地按动遥控器按键时发出的。忽然一个声音打破了房间的安静：“活动做了，钱花了，效果差，销量差！你给我一个解释！”说话的是湖南××汽车经销商的总经理。那个摆弄PPT遥控器、头上流着汗的中年男人，是市场部经理，原本很差的心情加上高温，使他的嘴巴仿佛被涂上了胶水，难以张开。

总经理原本打算召开公司汽车销售业绩分析的紧急会议，可就在会议召开前，他收到了财务部门的通知：第三方的贷款即将到期，下一阶段，公司的周转资金将非常紧张。预定的目标销量难以完成，资金不能及时回笼，于是就出现了刚才的一幕。

其实也不是市场经理不作为，他可是一位非常敬业的老员工，在店内的口碑也非常好，是个有求必应的人。当初，在销售经理为进入展厅的客户少而发愁的时候，他马上就想出办法，每周安排两次汽车展销活动，同时还加强了线上的垂直网站、自媒体的宣传力度，以吸引客户的注意力，增加展厅的客户数量。而针对特定车型库存量大的问题，他亲自策划团购促销活动，还尝试着以周周有惊喜、月月有活动的方式吸引客户前来购买特定车型。尽管市场部经理使出了浑身的解数，但总体效果仍然不太理想。总经理看到的结果是：集客数量下降，销量不达标，资金周转困难。

案例情境解析

1. 店面汽车销售工作陷入困境的原因

（1）店面单打独斗。

在促销活动方面，店面人员可以说是不遗余力，做了很多市场宣传工作，各种活动都在积极开展。但在汽车市场整体状态不佳的当下，仅仅依靠店面自身的资源开展营销活动，突破销售困境，难度是非常大的。不进行外部资源整合，过度依靠自身资源开展营销活动，虽然也能产生一些效果，增加到店客户数量，但所有营销费用都是店面自掏腰包。营销成本不断上升，店面运营费用不断增加，收益却微乎其微，无法实现预期的销售目标。

（2）缺乏对热点现象的深入研究。

从店面的市场部人员所做的工作中可以看出，他们没有留心观察时下的热点，对于大众热议的焦点话题敏感度很低。结果无论是从宣传的内容上还是形式上，都难以获得创新和突破，所以很难借助热点扩大营销活动的影响范围，难以吸引更多客户前来参与活动、购买汽车。

（3）活动缺少新鲜感。

当下各个品牌汽车经销商，为了提升汽车销量，都在搞店内集客、团购活动，但此类活动搞得多了，内容就会千篇一律，缺少新鲜感，对客户的吸引力迅速下降。究其原因，是经销商对客户不够了解，不能描绘出客户的“精准画像”。经销商在策划团购促销活动时，往往只根据当月的销售任务制订一个营销目标，而这一营销目标是依据内网系统中繁杂的客户信息结合销售顾问的平均订单率和成交率测算出来的，而对于客户群体的家庭组成、职业、偏好、购车动机等信息的统计，要么失真，要么缺失。由此可见，如果对目标客户以及本地区的用车人群缺乏长期有效的研究和深入了解，那么经销商举办的促销活动自然没有任何针对性，也难以产生预期的效果。

2. 从目标消费群体角度来看

（1）个性化需求逐渐替代价格吸引。

随着汽车市场的高速发展，越来越多的人与汽车产生了“亲密接触”，消费者对于汽车的熟悉程度较以往加深了很多。汽车已经深入到我们工作、生活的方方面面。很多客户并非首次购车，甚至有些家庭还拥有两至三辆汽车，客户的用车经验增多，他们在购车时也不再盲目，低廉的价格不再是吸引他们购车的重要因素，个性化的需求逐渐变得重要起来。

（2）经销商同质化严重。

在客户看来，明亮的展厅、整齐的车子、体面的服务人员似乎是汽车4S店的不变“标签”；而每周末统一的活动，统一的音乐，平淡无奇的演示，似乎也成了汽车4S店的新“标签”。模式化的服务体系在客户心中根深蒂固，同质化促销活动在不断消磨着客户的购买兴趣。

经销商的错误思路：

（1）市场宣传及团购活动过于形式化。

店面将促销活动视为“噱头”的代名词，组织销售顾问按流程对客户进行邀约，但是展厅布置简单，甚至流于形式，不做布置，活动内容也没什么新意。整个销售过程看似节约了成本，也回馈了客户，但其实收效甚微，是店面没有充足资源扩充销售渠道的表现。活动现场的冷清气氛，不仅打击了销售顾问的谈判信心，同时也伤害了应邀前来参观、购车的客户。

（2）营销活动内容单一，次数频繁。

单次促销活动效果欠佳，店面希望通过频繁开展促销活动来弥补集客量和成交量的不足。这种看似勤能补拙的做法，恰恰忽略了活动频繁所带来的衰减效应，使得活动效果逐次下降，同时也使销售顾问花费过多的精力来应对客户，进而影响到店面的日常销售工作，导致店面管理混乱、客户异议频发等现象。

正确的思路：

（1）借助外部资源整合营销，降低营销费用。

经销商可通过利用外部的资源，进行资源整合，发挥资源的力量，扩大品牌影响力，减少促销费用。

①社会资源。比如其他行业的合作方，就属于社会资源的一种。可与大型商场、超市或连锁专卖店进行合作，争取在这些商品销售场所里常年设置自己汽车的广告宣传位或展示位置。很多4S店面由此衍生出了异业店面促销业务，都取得了非常好的效果。

②汽车制造商资源。汽车制造商的产品宣传力度还是比较大的，与汽车制造商开展合作，本身就是一种资源的整合。可以利用制造商的官方网站、微博、微信公众号，发布新车宣传、促销信息，让更多的客户获知信息，为下一步销售做好铺垫。还可以与制造商联合开展区域性的车展活动，借助合理的官方补贴拓展影响力，同城同地区的汽车集中在一起展销，会形成规模效应，大批客户会被吸引过来，同时还能降低活动成本，增加自身店面的优势。

③目标客户群资源。在市场活动中，可以结合不同客户群体的特点、需求顺势开展促销活动，达到扩大店面影响力和受众范围的目的。这种做法本质上可以理解为“顺应民意，借力积累口碑和影响力”。

④集团资源。作为集团的一员，店面应该具有资源共享意识。店面可以利用集团的资源优势拓宽自己的业务范围，为客户提供一些便利的个性化服务。按照这一思路，店面还可以将自己的业务范围拓展到集团的其他业务中

去，将集团的合作单位也列为自己的可用资源，比如，可以与集团的合作金融机构、保险机构等开展合作。

（2）在媒体宣传方面遵循“EPII原则”。

①情感反应（Emotion）：客户对经销商的宣传活动通常会产生情感反应。对于客户的情感反应，我们应该给予积极的反馈，与客户更多地接触，与客户建立良好的感情基础。

②说服力（Persuasiveness）：说服力更多地源于客户的真实感触和实际体验。要说服客户，其实无须过多的技巧，通过开展相关的宣传和服务活动，让客户体验到店面所做的一切都是在为他们着想，这比说什么好听的话更有说服力，更能获得客户的认可。而获得客户的认可，其实也是店面存在的价值和意义。现在各个经销商由于制订了完整的销售流程，客户体验工作都做得很不错，但是要想更有效地说服客户，还应关注一些细节方面的问题。

③信息传达（Information Transfer）：传统媒体形式已经发生了巨大变化，各种自媒体平台如雨后春笋般诞生。QQ、微信、抖音等现代通信交流工具和平台成了人们娱乐、社交的首选。能否更好地使用这些自媒体平台传达信息，成了制约经销商营销活动成败的关键。

④影响力（Influence）：宣传能促使客户产生购买行动。影响力的产生不完全依赖媒体的传播和宣传，但是对于店面来说，利用各种媒体平台开展营销宣传活动，无疑是最为便捷的一种宣传推广方式。

（3）通过“5W2H分析法”发掘客户及其需求。

①Who——谁。

可以进行一系列的设问：谁是我的潜在客户？谁是我的直接客户与间接客户？谁对产品（或服务）最感兴趣？谁是我未来最理想的客户？谁是我的核心客户、次要客户与边缘客户？……通过一系列的设问，明确自己的营销对象。

②Where——哪里。

客户就是财富，就是经销商眼中的“鱼”，要想拥有财富、钓到“鱼”，就要知道客户在哪里。为此，可做如下提问：我在哪里可以发现或找到我的潜在客户？我的客户在什么地方？我的客户在什么社会组织中？我的客户在什么样的生活圈子中？……通过如此提问，我们可以找到客户工作或生活的区域，并到那里去“撒网捕鱼”。

③Why——为什么。

多问自己几个“为什么”，有利于更好地应对与解决销售中出现的问题，可做如下提问：为什么用某种方式进行宣传后，到店的客户人数激增？为什么客户会主动上门？为什么客户会对竞争对手的广告感兴趣？……如此提问，有利于我们制订出吸引客户来店的具体措施。

④What——是什么。

在营销过程中，我们应该展现什么主题或者内容给目标消费群体？这也是一个非常有价值的提问。对此，我们可做如下提问：产品（或服务）最吸引客户的是什么？客户最关心的是什么？客户最排斥的是什么？为吸引客户，我应该做些什么？与客户接触时，应该获得什么？……通过如此提问，我们可以搞清楚客户的需求，把握自己的工作重心，在未来的营销工作中做到有的放矢。

⑤When——何时。

发掘客户后，在接触时，同样需要把握好火候，选择最有利的时机与客户进行接触、交流，开展营销活动，即“我什么时候开始着手”。为此，可以做如下提问：什么时间更有利于接触客户？什么时间适合做广告？什么时间适合做营销推广？什么时间适合搞公关活动？……把握最佳时机，在恰当的时间做正确的事，营销才会事半功倍，做营销同样离不开“天时”。

⑥How——怎么做。

这个提问的核心是“我怎么才能让潜在客户变成自己的真实客户”，做这个提问主要是探寻开发客户的方法与路径。为此，可以进一步展开：采取什么策略发掘客户？采取什么途径接触客户？如何让客户主动上门？如何抢夺竞争对手的客户？如何让客户尽快“变现”？……很多客户得不到开发，未必是因为产品不好或服务不佳，而是因为开发客户的方式方法不对。

⑦How much——多少。

这个提问的核心是“寻找并开发客户将做多大投入”，这是权衡客户开发成本的问题。为此，可做如下提问：发掘或创造客户需要投入哪些资源？投入周期多长？可能获得多少产出？哪些客户无价值，应过滤掉？……如今，很多企业强调精益化营销，其本质上是对客户的精益化开发。

案例跟进

按照上面所说的应对思路，可以采取以下营销措施。

1.把品牌资源、市场资源、社会资源、集团资源逐个梳理出来并加以充分利用，作为本场活动外围宣传的途径，达到不花钱免费宣传的效果（参见表单示例）。

2.选择媒体进行营销时，首先要锁定那些当地消费群体比较信任的专业、权威的媒体，比如交通广播、新闻广播、音乐广播，等等。同时要考虑你的目标消费群体所能接触到的媒体，比如你的客户群体是年轻群体，那么就要选择音乐广播这类媒体做宣传；比如你的客户群体是老年群体，那么就要选择报纸这样的媒体做宣传，这样才能使宣传产生应有的效果。

3.通过对潜在客户和已购车客户的行业类别、性别、年龄、关注的车型、购车动机等信息进行分析，找出那些最具购买潜力的客户，这部分客户就是你的目标客户，针对这些客户开展宣传活动。接下来通过对目标客户的居住区域、工作地点、饮食习惯、消费场所等信息进行分析，了解客户经常出入的场所，从而得知可以在哪里找到这些客户。再通过对他们的兴趣爱好、穿着特点、关注焦点、娱乐方式等信息进行分析，梳理出下一步的营销方向、内容，从而实现精准营销。

品牌产品、市场策略	社会公益活动	集团资源
a. 产品策略 产品重点 车源保障 b. 市场策略 新产品上市等重大市场行动 促销政策 全国性的统一市场活动 区域开展的统一市场活动	时间 地点 形式 参与条件	市场活动计划 车展时间 联合营销计划

4.直播引流，短视频引流。目前直播的热潮席卷了整个社会，通过入驻各大直播平台，以直播的方式来吸引客户关注，开展营销活动，也是一个值得尝试的手段。

（1）平台选择。

① 斗鱼：年轻人较多，用户前卫时尚，能很好判定他们的需求。

② 快手：地域人文差异化，用户阶层划分明显，但是人群集中，很适合开展营销活动。

③ 抖音：一个面向全年龄段人群的短视频直播平台，拥有成千上万的用户，直播人员与公众之间的互动性强，入驻门槛低。利用抖音开展短视频直播营销，具有成本低、受众范围广、见效快等多种优势。

（2）形式选择。

短视频的拍摄与制作，需要根据各个平台的规则要求来进行，但是流行因素趋同，所以有规律可循。可以让不同的主播轮流进行直播，增加新鲜感，从而有利于吸引客户的注意力，也可以根据直播效果评选店面直播红人，在促销活动期间直播，进行宣传等。

（3）内容。

随着时间的变化，客户的需求及其关注的热点话题也在发生变化，因此店面要选择平台直播热度高的话题进行直播，吸引更多用户关注，提升店面形象，推动营销活动顺利开展。

能力进阶小课堂

1.为提升店面和品牌的影响力，提升集客力度，为促进销量而开展的一系列营销活动，都必须遵循这样一个原则——全力满足客户需求。

2.要想更好地整合各种营销资源，管理者必须有敏锐的洞察力，开展广泛的社交活动，以获得更多外部资源信息。

魔杖应用案例 2 利用品牌与口碑这笔财富

无论是经销商还是销售顾问个人，口碑尤为重要，要想生意或工作做得长久，都绕不开这两个字。把经营限定在一定的时间段内，通过一些特定的方法和手段达成目标，我们称之为“术”。而如果把经营的时间拉长，那么我们会发现，任何方法和手段都是次要的，最根本的是“道”。“道”才是一家企业、一个人应该追求的，追求“道”的过程，就是塑造企业或个人品牌与口碑的过程。

案例故事：一杯热腾腾的奶茶

“交车工作也做完了，经理面谈工作也做完了，还没完事？我来的时候你可不是这么说的，齐琳，眼看着雨要下大了，你还让不让我走了？”

“邱女士，您别着急。根据我们的储运管理规定，车内燃油很少，我需要给您的爱车再加10升汽油，为的是您能走到最近的加油站，您再给我十分钟时间。”

“快点，快点！磨磨蹭蹭的，早干什么去了？”邱女士责备道。

销售顾问齐琳撑起雨伞，拎着汽油桶快步走出展厅，她柔弱的身躯被沉甸甸的油桶坠得摇摇晃晃。别看是雨天，××4S店的交车数量一点也不少。这位挑剔的邱女士在人群中格外显眼，她虽然是首次购车，但前台接待的两位女孩，都已经对她非常熟悉了。“邱明明来了？”杨柳好奇地问。“早就来了，中午那会你去吃午餐了，没看见。来了好久了，今天可是来提车的。”梁晓回答道。这两个女孩儿，在前台远远地看着站在玻璃窗前抱着手臂的邱明明，小声交谈着。

难怪两位女孩这么熟悉，邱明明和普通的客户不太一样，她是一名高级茶具商。可能是由于职业的原因吧，她非常追求完美，眼光非常挑剔，三次到店看车，就换了三名销售顾问，原因无他，无非是服务细节出了问题。她甚至曾经因为被休息区的玻璃杯烫到了手而投诉，还对前来处理的销售经理大发牢骚。因为这件事，店内领导还专门订购了杯套。这样一来，邱明明在销售部算是出了名了，在大家眼里，她完全成了挑剔刻薄的代言人。而第四位接待她的销售顾问齐琳，是销售经理“钦点”的，原因很简单，齐琳从业三年无一例投诉，而且每次都能在星级销售顾问的评选中因客户好评而拿到奖励。

齐琳来到邱明明的新车前，遇到了一个问题。她发现一手撑伞，一手拎着油桶给车子加油根本没法操作。未加思索，她立刻收起雨伞，冒着大雨为新车加油，雨水瞬间打湿了她的头发和肩膀，很快顺着她的脸颊淌了下来。

这一切都被展厅内隔着落地玻璃窗“监视”的邱明明看在眼里，她放下了手臂，有些犹豫，似乎有些不知所措。她身后的杨柳见状，连忙拿起对讲机喊道：“保安师傅，销售员在展厅前5号车位，麻烦您过去帮帮忙。”放下对讲机时，杨柳还埋怨了一句：“她没有对讲机，也不会回头喊一声，真是的。”“被这么一位‘上帝’追着好过不了，交车没出差错已经是万幸了。”梁晓倒是表示理解。看着从大门口三步并作两步跑过来的保安师傅，邱明明似乎又恢复了“冷漠”的状态。

在保安的帮助下，齐琳给新车加好了油，回到展厅将钥匙交给邱明明时，她的头发还在滴着水。邱明明看了看表：“你这时间卡得还挺准的，给你，快擦擦吧，别着凉了再怪我。”说着，她递给齐琳一包纸巾。齐琳连忙道谢。

好不容易送走了邱明明，齐琳总算是松了口气。梁晓凑过来说：“你也太认真了，为了这样一位客户，值得吗？”“做销售工作嘛，就得让客户满意才行。”说着，齐琳提了提手里还在滴水的雨伞，伞上的品牌标识格外好看。就在大家嘻嘻哈哈聊天的时候，突然前台对讲机里传来了保安师傅的声音：“刚才的新车返回了。”“才十几分钟就回来了，这么挑剔的客户，可能不是什么好事，你得小心了。”梁晓闻言，好心提醒齐琳。

不一会儿，邱明明走了进来，手里拿着一杯热奶茶，快步走上前来递给齐琳。这让站在门口恭候的齐琳有些受宠若惊。“你们也真是的，男销售员都哪去了？让一个女孩拎着个油桶到处跑。这是在你们店附近买的，趁热喝，明天我的合伙人有可能来看车，你要照顾好啊。”难得在邱明明脸上看到笑容，话语虽然硬气，但是却让齐琳觉得心里暖暖的。

齐琳所做的一切都在向邱明明传递着她的真诚，邱明明感受到了，只是把这真诚又传递回来了而已——用一杯热腾腾的奶茶。

案例情境解析

1. 从客户的角度来看

（1）对于服务的高要求。

当今时代，客户对于商家的服务有着自己的认知。案例中的邱明明对销售顾问的服务工作百般挑剔不无道理，高质量的生活使得她对于销售顾问的服务工作有着很高的要求。在我们的身边，像邱明明这样的客户不在少数，也许是工作的原因，也许是生活方式不同，他们有着独特的个性和消费方式，他们往往能一眼看到商家服务的缺点。

（2）时间就是金钱。

“明明可以两个小时办好的事情……”“既然如此，为什么不提前告知我，让我安排好时间……”这些是客户在抱怨时经常会说的话，他们不能容忍自己的时间被白白浪费。

2. 从经销商的角度来看

不以善小而不为，对客户的反馈意见做出积极响应，是店面塑造自身形象的最有力方式。店面管理者与其整天围坐在桌前绞尽脑汁地研究客户满意度，不如和那些挑剔的客户谈一谈，毕竟他们深知服务的最高标准，只要满足他们的要求和条件，你的店面就可以在同行业中“鹤立鸡群”。案例中的经销商做得很对，不要因为只是一位客户不起眼的提议就对其置之不理，一个小小的杯套可能会让你的客户在店里多驻足一段时间。这段时间对于经销商也许意味着新车的成交，也许意味着客户满意度的提升。总而言之，一切品牌和形象，都是经过细节的积累和时间的打磨才慢慢形成的。

3. 从销售顾问角度来看

（1）对于高端品牌的误解。

高端、豪华、品质，是对一个高端品牌最合适的评价。但是有些销售顾问对此有所误解，将其理解成了高傲、奢侈、稀缺。因此，他们有时难免会和挑剔的客户针锋相对，这对销售顾问提升自身素养是没有什么好处的。

（2）对于品牌塑造的领悟。

与上一种情况正好相反，有的销售顾问有一颗包容的心，他们知道什么能打动人心，他们时刻为客户着想。他们视自己为品牌的一部分，优雅从容地面对工作中的困难，所作所为得体而且自然，不声不响却令人触动，令人铭记于心。

经销商通常存在的错误思路：

长时间工作积累的经验，让销售顾问拥有一种慧眼识人的本领，但是这种本领也使他们养成了一种职业习惯——挑选客户。在很多情况下，前台的接待人员一般会找新来不久的销售顾问接待那些要求有些苛刻的客户，因为新销售顾问的工作热情较高，他们会毫不挑剔地对待每一位客户。对于老销售人员来说，他们一眼就能分辨出客户的购买意向强不强，服务难度、成交难度大不大。如果难度大，他们通常会借口推脱，或者指使新销售顾问去接待客户。如果摆脱不掉，他们就会用一种消极的方式与客户沟通，让客户感觉兴致寥寥后自行离开。长此以往，店面将“浪费”大量来店客户，集客成本在无形中被提高了。

正确的思路：

（1）看到客户背后更大的“价值”。

作为汽车服务行业的从业人员，要记住“服务”是我们立足的根本，无论我们服务的客户是什么样的性格，做出什么样的事，都不应该影响到我们服务工作的质量。人是具有社会属性的，任何一个客户都有其自己的圈子，而销售顾问的服务，不仅仅是针对眼下这个人、这一单，更是针对他背后的群体、圈子，商家的服务目标是不断扩展自己的客户群体。你不断地满足客户“挑剔”的要求的过程，也是你不断尝试接近客户背后的群体、圈子的过程。从这个角度上看，销售顾问与其说是在“防守”，倒不如说是另一种“进攻”。

（2）用行动树立个人口碑。

齐琳有着三年的销售经验，三年间她不仅掌握了许多销售技巧，而且磨炼出了成熟的心态，这种心态使得她能够真心实意为客户着想。为了将服务工作做到位，齐琳将其他的事放在一边，冒雨为客户的新车加油。在她看来，只要自己的所作所为能让客户满意，即使淋雨也算不了什么，而客户也能真切地感受到她的用心。谁都希望被人重视，你从心底真正重视客户，关注并满足他们的需求，你的行动自然能够传递出你内心的想法，带给客户满意的体验。这对于销售顾问来说，也有利于塑造个人口碑和个人品牌。

（3）深化品牌，把握细节。

如果说每一位销售顾问都是一个单独的“品牌”，那么店面品牌就是这些品牌的集合，是理念的传递者和代言人。公司在某个显要的位置会悬挂一些标语、口号，通常我们称之为企业文化。大多数公司都是围绕着“以人为本”的管理理念来开展工作的，有的公司以员工为主体，有的公司以客户为主体，综合来看，这就是品牌的深化。公司希望员工能时刻牢记自己的工作使命，专注于自己的工作，而员工通过努力工作树立起个人的品牌形象，体现出自己受到公司文化熏陶所形成的良好品质，其实也是在帮助公司铸造品牌形象和影响力。案例中，针对客户被水杯烫到手的投诉，如果公司管理者只将其理解为一位客户在无理取闹，不进行改进，那么公司在该客户心目中的形象一定会大打折扣。公司的所作所为与公司宣传的“服务客户”的口号有所偏差，会给员工传递一种错误的信息，提供一种不良的行为导向。但是公司管理者极为重视客户投诉一事，迅速做出了合理的处理，通过接纳客户的投诉，解决所存在的问题，对外树立了良好的公司形象；同时教育了销售顾问，让大家都能看到公司对此事的重视程度，从而强化了自己对工作的认知。通过对细节的良好把握来深化公司品牌内涵，这种做法才是值得提倡的。

案例跟进

根据上述思路，怎么规划未来的工作路线呢？

1. 自我评估

销售顾问自身就是一个品牌，在打造自我品牌之前，我们应该对自己有一个明确的评估，而这种评估的标准就来自我们的客户。客户一个满意的微笑，客户一杯热气腾腾的奶茶，客户朋友或家人的转介绍订单，都可以为销售顾问的工作态度、职业形象加分。忠诚客户培养和维护的过程，就是自身口碑和品牌建立的过程。一名优秀的销售顾问应该经常思考：应该从什么时候开始培养和维护忠诚客户呢？是在接触客户的那一刻，还是在成交以后呢？答案不言自明。客户对于销售顾问的信任与满意，是在与销售顾问不断的接触中建立起来的。

也就是说，销售顾问要珍惜眼前的每一位客户，任何进入店面的客户都要认真接待，要了解客户的脾气、性格、爱好等，为每一位客户提供真诚、贴心的服务。这样不仅能做好自己的销售工作，也能为自己的职业发展添砖加瓦。如果有一天客户对你说“我非常愿意把家人、亲戚、朋友、同事介绍到你这里来看车”，那么可以说，这个销售顾问的工作是成功的，他的个人品牌、个人形象已经成功建立起来了。

2. 自我要求

要想完成自身的品牌建设，其实不需要客户对我们有何要求，而是我们自己对自己有一定的要求。

（1）注重形象。

整洁的仪表，得体的着装，可以给客户留下很好的第一印象，对之后双方之间的沟通会产生很大的影响。而我们所处的办公环境、办公用品的整洁程度都是形象的一部分，都会影响到客户的感受。统一摆放的办公用品，整洁明亮的展厅，配合默契的工作关系，应是呈现在客户眼中的经销商的形象。

（2）言行合一。

言而有信是一种美德。对客户不要轻易许诺，但要一诺千金，言出必行。办不到的事不轻易许诺，许诺了的事就一定要办到，这一点无论对于销售顾问还是对于经销商来说都十分重要。诚信铸就口碑，口碑塑造品牌。

3. 自我提升

对于客户的苛刻要求、百般挑剔，不少销售顾问都感到十分头痛，工作做得也很吃力。但是我们应该明白，客户挑剔意味着我们的服务确实存在着不好的方面，鸡蛋里如果真的能挑出骨头，那说明鸡蛋里还是有骨头的。所以，我们要把客户的挑剔变成推动自己成长的动力。销售顾问可以将自己服务客户的经历写成工作笔记，工作之余经常翻阅，看看自己还有哪些做得不足的地方，以便做出改进。另外，要磨炼自己的心性，服务客户时要热心、细心、耐心，这一点无法通过模仿学会，可以通过客户的反馈进行自我反思。客户是一面镜子，如果客户对你不反感，甚至大加赞赏，那就说明你的服务工作做得很好；反之，则需要进行自我反省，用心总结、复盘，慢慢提高自己的服务能力，形成自己的一套服务标准和方法。

对于经销商而言同样如此。注意客户反馈的细节，直面客户的抱怨与投诉，鼓励销售顾问积极与客户进行沟通，帮助他们改正工作中的不足，才是避免投诉的最有效方式。这种意见反馈的窗口应该更多一些，遍布组织部门之间，使每个人都能提出，以客户为背景的建议都应该得到妥善处理，甚至定期组织满意度的调查会议解决此类问题。

品牌是具有经济价值的无形资产，品牌承载的更多的是人们对企业的产品及服务的认可。无论是经销商还是销售顾问，都应该建立自己的品牌，树立自身的良好形象，提高自身竞争力。良好的形象建立之后，将为我们带来持续的收益，但是良好形象的建立需要我们付出一点一滴的努力，需要我们持之以恒地为客户提供细致、真诚的服务。

能力进阶小课堂

1.不挑选客户，认真服务好每个客户。

2.区分“生活中的我”与“工作中的我”，在工作中以“职业性”代替“个性”。

3.当客户出于感激向你赠送礼物时，不要拒绝，接受才是礼貌的表现，这也意味着双方信任关系的建立。

4.服务的理念最为简单，将服务工作做得完美无缺却最为困难，因为服务无止境，为客户服务不求回报，只求更好。

魔杖应用案例3　靠市场敏感度，赢得半步先机

商场如战场，商机如战机，只有“嗅觉”足够敏锐，才能嗅出商机。这种敏锐的“嗅觉”，我们称为市场敏感度。敏感是一种特质，是一个人长期的生活经历所形成的下意识的直觉，可以确保自身在战场上趋吉避凶，在商场上逢凶化吉。优秀的经营者，需要不断地研究市场，分析市场，了解市场，以确保自己能够一直保持市场敏感度。

案例故事：结合多因素准确预判宝来汽车滞销

2017年3月，哈尔滨汽车经销商的销售总监们一个个都焦头烂额。宝来汽车滞销，价格已经让到很低了，各经销商之间开始了争夺客户的价格战，一级利润让掉，二级利润让掉，三级利润让掉，直至赔钱抛售。宝来汽车的销售价格已经低于成本价5万元了，可是销量还是不理想。个别经销商宝来汽车的库存量已经占到总库存量的40%，资金周转都受到了影响。于是，各经销商将销售重点都放在了如何消化库存宝来汽车上。

与此同时，坐落在哈尔滨市城乡接合部的一家汽车经销商的销售总监于某，正一边悠闲地喝着茶，一边愉快地和家装市场的几个老板谈速腾汽车团购的事。他打算在家装城门口举办一次车展，对速腾汽车进行宣传推广，这次宣传的重点在于强调速腾汽车是最具性价比的汽车。而对于宝来汽车，于总监和其他经销商的销售总监不一样，他既不着急卖车，也没有参与到惨烈的价格战之中。因为他不仅早已将宝来汽车卖光了，而且没有出现亏损。这

是为什么呢？他采用了什么样的方式，在别人都卖不动的情况下把车都卖掉了呢？

2016年年底，各家经销商刚刚与厂家签订了2017年年度商务合作计划（商务合作计划是厂家和经销商签订的分解到车型、月份的年度采购协议），对市场十分敏锐的于总监发现了问题。他对比2017年年度商务合作计划和2016年年度商务合作计划，发现2017年在采购总量没有太大幅度上升的情况下，宝来汽车的占比由2016年的16%上升到了24%。也就是说，假如采购100辆汽车，2016年有16辆宝来汽车，2017年就将有24辆宝来汽车。从整体上看增量并不大，但是对于宝来这种车型来说，意味着销量要增加50%！这个数据立即引起了于总监的警觉。为了能判断得更准确，他立刻找来了2016年年度进销存报表，发现2016年第一季度宝来汽车并没有出现销售高潮。在接下来的几天时间内，于总监又多方打听，他咨询了厂家，也和其他城市汽车经销商的销售总监进行了沟通，最终得出结论：整个销售渠道的宝来汽车供应量增幅过大，2017年市场上的宝来汽车必将供大于求，到时经销商必然竞相降价，宝来汽车极有可能赔钱销售。于是，他迅速制订计划，早在2017年1月就将宝来汽车销售完毕。

案例情境解析

1. 从厂家的角度来看

当新车生产出来以后，制造汽车的厂家一般会制订汽车批售计划，并与各地汽车经销商签订商务合作计划。但是，随着市场的变化，厂家也会对生产计划做出调整，相应地，批售计划也会随之调整。调整虽然细微，但是很有可能由于当地汽车市场的情况、经销商原有的库存情况的变化而被放大。从案例中可以看出，厂家的批售计划有微调，这一点对于经销商而言确实很难察觉，但是通过市场的验证，最终暴露的问题却比较明显。

2. 从经销商的角度来看

缺乏数据分析能力。没有对数据进行环比和同比的多元分析，没有借助已有的数据分析自己销售工作中存在的问题，更没有形成自己的经验体系，没有及时制订应急机制。在复杂的汽车市场竞争中，由于相互之间存在着商业竞争关系，各经销商很难拿到其他家的销售数据进行对比，但是经销商可以通过对自己店内各阶段销售数据的对比分析，找出各阶段市场行情之间的差异，评估目前的市场行情，判断即将发生的事情，据此制订出合理的销售方案。

没有竞争优势。库存量大、产品滞销的情况在经销商中非常常见，如果一味地低价销售，不顾及同行的利益，势必也会影响到自身的利益。案例中，参与价格战的经销商们竞相实行降价销售，虽然这是在已有亏损的情况下，面对激烈的竞争不得已而采取的措施，但是还是应该在此之前多花些精力树立口碑，建立良好的店面形象，以自己独特的优势与同行开展差异化竞争。这样在市场行情整体欠佳时，也能让自己的损失稍微少一点。

3. 从于总监的角度来看

视野开阔。通过分析数据，于总监发现了问题的根源，及时制订应急措施，提前将宝来汽车销售完毕，从而免受库存压力，并将销售重点转移到速腾汽车上。由于有着开阔的视野和敏锐的洞察力，于总监总是能走在同行的最前面，实现一种良性循环，销量的提升、任务的完成更是带动了其他衍生业务的发展，可谓一举多得。

经销商存在的错误思路：

案例中，其他的经销商视野狭窄，只注重眼前利益，试图通过降价倾销积压的库存汽车，最终引发价格战。大家疲于应对，顾此失彼，汽车价格一降再降。他们急功近利，只想着先解决眼前的问题，用低价销售的方式来缓解库存压力，对于未来汽车的销售也没有具体的打算，由此引发了各种“并发症”，如信贷渗透率下降，精品毛利下降，返利任务难以完成等，最后导致资金周转陷入困境，造成恶性循环。

正确的思路：

1. 规划篇

（1）分析数据。

对以往的销售数据进行全面的对比、分析，以发现市场行情和客户需求的变化，及时制订应急方案，调整销售计划，抓住时机，尽快将积压的汽车销售出去，减少库存积压量，避免遭受不必要的损失。这一点也是于总监所擅长的，是他在竞争中制胜的关键。

（2）收集信息。

信息是做出正确判断的依据。首先要收集竞争对手的信息。如果在同一个区域内，可以通过互相沟通来掌握竞争对手大致的销售状况，这对于判断当前的销售走势很有帮助。其次要收集客户的信息，可以通过交流、沟通、拜访、请客等直接方式收集客户信息，也可以通过拜访客户的家人、同事、朋友的方式来收集客户信息。对收集来的信息要进行甄别、筛选，防止将不利于做出正确判断的信息掺杂其中。

（3）盘点库存，核算资金。

正所谓未雨绸缪，管理者和销售经理应事先配合财务部门人员对库存汽车进行盘点，通过盘点，做到对现有车型、资金占用情况心中有数。需要注意的是，一定要对未来资金的流动趋势有所警觉，不能在资金回笼环节出现问题，资金链处于断裂边缘的时候才采取挽救措施，一定要提前规划，正确评估资金使用情况，保证资金正常运转，避免经营出现风险。小心驶得万年船，谨慎地对待市场的变化总归是没有错的。

2. 行动篇

（1）综合分析数据。

数据只是一个或一组孤立的数字，如果单一地对数据进行分析，就会得出错误的结论。所以，我们要对数据进行多角度、多层次的交叉对比、分析，总结各种数据之间的关系，才能得出更准确的结果。另外，厂家的数据反馈，政策规划等同样具有很高的参考价值，需要我们多投入时间和精力去考量。

（2）做长远的打算。

只固守眼前的利益，就会损失长远的收益。案例中参与价格战的经销商们都只顾眼前一时的利益，结果损失惨重。只看重眼前的利益就会导致事业停滞不前。管理者要把眼光放在更长远的地方，追求长远利益，赚取长久的利润。

（3）举一反三，灵活应变。

就汽车行业而言，决定市场走势的因素太多，同行之间竞争的激烈程度和销售工作的复杂性远超我们的想象。世事难料，风险常常突然而至，所以我们要学会举一反三，灵活处理各种问题，以应对更多突发的情况。

案例跟进

1. 规划篇

日常工作中，我们要做好部署和规划，一起来看看于总监的工作方式和关注的细节都有哪些。

（1）管理和规划数据。

① 数据规划：收集整理业务部门的各项数据，搭建数据指标体系。

指标分为三类：关键指标、过程指标、其他指标。如销售部的关键指标有销量、成交率、利润、客户满意度等，过程指标有集客量、客户留档率、试驾率等，其他指标有培训时长、认证通过数量等。

② 数据采集：采集业务数据，向业务部门提供数据报表。

- 采集基础数据：采集数据时，只采集基础数据，也就是量，至于率，就交给公式或系统自动完成计算。
- 制订数据汇编流程：数据由谁填写，发送给谁，什么时间发送，谁来制作数据报表，数据报表传递给谁，等等。

③ 数据分析：通过数据对比、建立数据模型等方式，深入分析业务数据；提供数据分析报告，发掘问题，提出解决方案。

- 领导重视。首先领导要重视数据分析工作，起到模范带头作用，让各部门在做工作总结、工作汇报时学会用数据说话。

· 统一数据标准。数据的采集标准、时间跨度要统一，否则各部门汇报上来的数据就会不一致。比如，销售部统计的汽车销量要以客户交完全款为计算标准，财务部统计的汽车销量要以发票上的信息为计算标准。否则，两个部门上交的销量数据就会不一致，这会让管理者连自己到底卖了多少辆车都不清楚。

· 形成可视化数据。数据分析有多种方法，最简单、最常用的方法就是将各种数据进行对比，能够明显标识对比结果的方法就是图表，比如对比多少时用柱状图，标识趋势时用曲线图。

（2）良好沟通，收集信息。

① 从同品牌的其他经销商处获取信息。各地的经销商们会在车展、厂家培训等活动中相遇，这时可以趁机拓展人脉，主动与对方攀谈，互留联系方式，也可以共同分析、判断一下现在的市场局势。如果对方不是本地的经销商，也可以用这种方式进行沟通，由于地域的差别，双方获取的信息内容会更宽泛一些。有时，互相透露一下自己店内汽车的库存情况，也有助于对市场趋势进行判断。

② 收集客户信息。要想洞察市场情况，客户信息是很重要的参考依据。要通过各种途径收集客户信息，销售顾问可以在召开销售例会时说出客户的反馈信息并予以汇总。

③ 与区域负责人进行沟通。每月的月初、月中、月末都是很好的沟通时间点，沟通的内容可以是销售任务、市场布局和走势，等等。区域负责人所站的角度比单店负责人所站的角度更高，所获得的信息也更全面。因此，虚心地与之沟通，只有好处，没有坏处。

（3）盘点库存，熟悉资金流动情况。

财务部门有责任对汽车库存情况进行盘点，每月月末盘点一次，将盘点结果以表格的形式予以上报。销售总监应该高度重视数据报表中的信息，根据报表中的数据信息推算本季度或未来三个月的资金占用情况，同时制订出应急方案，向总经理汇报。这样，即使发生意外，也不至于陷入束手无策的尴尬局面。

2. 行动篇

有了前期的规划和准备，现在我们不妨来看看于总监的运作方式，看他是如何帮助店面绕过低价竞争的战场的。

（1）善于使用变化的数据。

日常工作中对于数据的重视会在这个时候派上用场，经销商通常会对日、周、月、季、年不同时间维度的销售数据进行对比，目的就是“自检”和“洞察”。自检指的是检视店面的运营情况，洞察指的是洞悉市场的变化。案例中的于总监通过对2016年的销售数据进行分析，了解到2016年宝来汽车的销量没有出现高峰，从而判断出2017年宝来汽车会出现供大于求的情况，店面之间势必会展开一场激烈的价格竞争。于总监早在2017年1月份就开展了宝来汽车的销售活动，从而避免了一场损利竞争。于总监的成功之处在于他对销售数据的高度重视。这就是数据的作用，数据能帮助我们高瞻远瞩，在市场上更胜一筹。

（2）扩大收益周期。

仅仅看到市场情况有变还难以锁定胜局，接下来的做法才是制胜的关键。早在2017年初，当其他经销商还在以2000元以内的优惠销售宝来汽车时，于总监给客户的优惠价格早已超出了2000元，还赠送车辆装饰等精品礼包。其他经销商对于于总监的做法感到不解，有些经销商甚至认为于总监所在店面的资金周转出现了问题。殊不知于总监是在主动出击，他对宝来汽车的收益情况早已了然于胸，接下来只剩说服总经理和投资人。以下是于总监根据市场情况变化制作的2017年第一季度宝来汽车销售收益预测表。

市场情况变化前

销售数量/辆	每辆单价/万元	优惠/万元	优惠后每辆单价/万元	总价/万元	销售金额/万元	亏损额/万元
100	15.00	0.25	14.75	1500.00	1475.00	25.00
90	15.00	0.15	14.85	1350.00	1336.50	13.50
80	15.00	0.15	14.85	1200.00	1188.00	12.00
70	15.00	0.15	14.85	1050.00	1039.50	10.50
60	15.00	0.15	14.85	900.00	891.00	9.00
50	15.00	0.15	14.85	750.00	742.50	7.50
40	15.00	0.15	14.85	600.00	594.00	6.00
30	15.00	0.15	14.85	450.00	445.50	4.50
20	15.00	0.15	14.85	300.00	297.00	3.00
10	15.00	0.15	14.85	150.00	148.50	1.50

市场情况变化后

滞销数量/量	每辆单价/万元	优惠/万元	优惠后单价/万元	总价/万元	销售金额/万元	亏损额/万元	总亏损额/万元
0	15.00	0.15	14.85	0	0	0	25.00
10	15.00	0.50	14.50	150.00	145.00	5.00	18.50
20	15.00	0.50	14.50	300.00	290.00	10.00	22.00
30	15.00	0.50	14.50	450.00	435.00	15.00	25.50
40	15.00	0.50	14.50	600.00	580.00	20.00	29.00
50	15.00	0.50	14.50	750.00	725.00	25.00	32.50
60	15.00	0.50	14.50	900.00	870.00	30.00	36.00
70	15.00	0.50	14.50	1050.00	1015.00	35.00	39.50
80	15.00	0.50	14.50	1200.00	1160.00	40.00	43.00
90	15.00	0.50	14.50	1350.00	1305.00	45.00	46.50

表格中是一组假设数据，模拟的是宝来汽车销售数量和库存滞销数量之间的资金周转关系。于总监给出的优惠价大概为2000元，精品礼包的成本为

500元，汽车原价视为资金回笼基础点0，销售过程无收益，假设优惠金额为“亏损”，这样方便观看损益关系。于总监的营销策略是快速出货，计划在一个季度内倾销宝来汽车。假设库存总量为100辆，亏损总额为25万元，按照目前市场上的平均消费水平，优惠1500元的话公司未来并不能获得多少利润，而在销售量占库存总量近70%时才会出现拐点，亏损额才会低于25万元。根据市场上的竞争情况，1~2个月销售近70%的库存汽车简直是天方夜谭，于是于总监断然采取措施，扩大收益周期，将收益锁住。

商品的价格随着市场需求的变化而发生变化，通过对当前和过去的销售数据进行对比，即可掌握当前的市场行情，预测未来的销售收益状况。但是很多经销商不注重数据分析，他们更多的是被动地应对市场的变化。各家经销商集中处理库存汽车的行为，势必导致客户进一步压价，导致经销商的汽车销售价格越降越多，形成恶性循环。

回过头来再看于总监这边。他虽然花了一下午的时间解答总经理的疑问，说服了总经理，并扛起宝来汽车提前优惠销售所面临的风险，但是他对自己的销售策略还是很有信心的。他仔细分析了厂家的商务计划和往年的销售数据，认为2017年第一季度宝来汽车的销量不会出现高峰，加上宝来汽车不是新款入市，客户的需求不会产生剧烈波动，因此在销售上就不应贪图短期利润，而应扩大受益周期。

（3）举一反三，放眼未来。

于总监敏锐的市场洞察能力，使他能够发现风险，寻找机遇。于总监并没有停止脚步，他以同样的分析思路，认为当前竞争对手都在疲于应对宝来汽车的库存压力，速腾汽车的销售压力会变小，于是迅速抓住有利时机，拓展速腾汽车的销售市场，使得公司速腾汽车的销售进度得到了快速提升，而且利润水平也处于比较理想的状态。

优秀的管理者所凭借的，一是完善的数据体系，有了数据的支撑，很多疑问就有了答案，决策时就有了参考依据；二是自身敏锐的洞察力和数据分析能力。借助这两点优势，管理者在市场上可以先人一步，抢占先机。但是市场情况瞬息万变，管理者难以做到每次都能在危机到来之前未雨绸缪。正所谓“生于忧患，死于安乐”，管理者时刻保持对于市场的敏感度是非常有必要的。

能力进阶小课堂

1.说服领导同意自己的计划时，一定要以数据佐证。

2.保持“好奇心”，对于市场、竞争对手、客户、厂家，都要有“好奇心”，“好奇心”能够催生敏感度。

魔杖应用案例 4　商战如逆水行舟，不进则退

商战中，一成不变的经营模式远远不能适应激烈的市场竞争和剧烈的形势变化。在过去的若干年中，很多汽车经销商的营销模式始终处于停滞阶段，没有创新、突破，总是单一地围绕着价格优惠做文章，久而久之，就会形成恶性循环——客户只关注价格，营销团队的工作也会依赖于“价格优惠”，最终使得经销商的汽车销售出现“量”“利”双重下降的情况。

案例故事：店面营销活动，为什么效果越来越差

这是一家刚成立的国有某品牌汽车的经销商，店面位于一座四线小城市偏远郊区的汽车城内。崭新店面的玻璃窗折射着午后的阳光，颜色艳丽的巨幅宣传标语祝愿着店面未来的生意红红火火，财源滚滚。店内的周末促销活动很快就要开始了。在展厅前的院子里，站着一位五十岁上下的中年男人，他身着笔挺且合身的深色西装，配上白色衬衫和暗红色领带，给人一种成熟稳重的成功人士印象。再加上他的背头发型和方正脸形，让人一眼望去，顿生好感。

这位中年男人是这家店面的总经理，姓于，可谓大器晚成。年轻时他曾经从事餐饮业，其奋斗经历也颇为传奇，到后来坐拥多家分店，堪称人生赢家。出于儿时对汽车的喜爱，他始终希望自己能够在汽车行业一显身手，如今他转行进入汽车行业，有了自己的4S店，本希望将自己在餐饮业的成功经验复制一遍，但是总感觉有些天不遂人愿，接连几场的店面促销活动都收效

甚微。于经理潜心走访了很多家经销商，观察他们的做法，积累经验。通过分析，他发现自己的4S店位置偏远，所以还是需要在店内活动上做文章，重点抓集客环节，多吸引客户进店，而之前几次的活动不够隆重，档次不够，所以，他事先对这一次的活动进行了精心的设计，场面十分隆重。

于经理抬头看看天，又低头看看手表，已经3点10分了。按照计划，活动本应该在3点钟准时开始，但摆了20把椅子的客户区只稀稀拉拉地坐了5位客户。他们大多数在摆弄手机，有的已经打起了哈欠，桌上精美的高级茶点几乎用去了一半。电子大屏幕上循环播放着店内销售的汽车品牌的宣传片，然而此时似乎并没有人在看，主持人是一位精神的小伙子，此时也只能尴尬地站在旁边。年轻的市场经理李鑫走到于经理的身边，轻声问："于经理，时间到了，我们开始吗？"于经理环视了一圈客户区，点点头，说："先开始吧。"李鑫走到音响师身旁拍了一下他的肩膀，音乐随即响起，主持人抬手示意了一下，大家迅速进入了状态。优雅动听的音乐似乎并没有吸引在座5位客户的注意，主持人抑扬顿挫地说着台词，很卖力气。

于经理似乎也不太习惯这种尴尬的场面，转身出了门。他知道，自己团队的员工虽然还很年轻，但都干劲十足，这5位客户还是销售顾问们辛辛苦苦邀请过来的。昨晚因为整理文件，于经理临近7点才下班，他看到销售部的办公室里还亮着灯，从里面传来阵阵的电话邀约声，于经理对此感到很满意。他喜欢和这些年轻人一起工作，一起拼搏。手中的香烟点燃后还没抽两口就已经快燃尽了。过了不多时，客户开始陆续离场了。于经理对第一个出来的客户印象深刻，他应该是全场茶点吃得最多的一位了。只见他一手拿着店面赠送的精美礼品，一手拿着手机，大声对于经理说道："我这完事了，还和之前的价格差不多，买车的事再说吧。"看得出来，销售经理应该公布完销售价格了。做了一段时间4S店的营销活动，于经理发现销售经理给出的价格似乎总是低于客户的期望值。不过这也难怪，大家肯定都希望报价越便宜越好。

整理好心情回到展厅，于经理环顾了一圈，令他感到欣慰的是，有一位客户正在和销售顾问谈论着购车方案。再过半个小时，这个月规模最大的一次活动布置就要被撤掉了，平心而论，店面举办的这次营销活动一点也不比总部举办的营销活动档次低，可是结果仍然不让人满意。还好，活动结束之际，销售顾问和最后一位客户签了订单，这仅有的一笔订单也算是给这次活动画上了一个不太圆满的句号。

案例情境解析

1. 从客户的角度来看

（1）品牌认知度低。

客户的消费习惯往往是随大流，买熟不买生，他们对于自己不甚了解的产品信心不足，购买时会犹豫再三，反复斟酌，面对汽车这种大额消费品时更是如此。

（2）店面位置偏远。

店面位于城市郊区，客户到店不方便，这也是店面活动效果差、集客难的一个原因。

（3）客户关心价格。

客户总是希望商家给出的产品价格是最低的。销售顾问在邀约客户时，也反复给客户传递“巨幅优惠”的活动主题，这使得客户在活动现场的注意力都放在了价格优惠上。客户都有自己的消费心理预期，对于大型活动中优惠幅度的期望格外高。他们带着很高的期望而来，如果商品的优惠幅度未达到他们的预期，那么他们通常会失望地离开。

2. 从总经理的角度来看

（1）总经理拥有好的初衷，但是忽略了客户的本质需求。

案例中的于经理还是很用心地在经营着店面，但他所理解的客户需求完全是从自身的视角来考虑的。他只是在机械地模仿着其他经销商的一些做法，如布置豪华的现场，向客户赠送精美的礼品，提供优质的茶点等，他忽略了客户对于价格方面的本质需求。

（2）店面和品牌的影响力不足。

对于店面而言，存在位置偏远的问题，客户到店不方便，也是客观现实。单纯在店面内开展营销活动，对于客户的吸引力确实有限。而且其他经销商也都在搞类似的活动，客户没必要舍近求远，这也是导致客户到店量不多的一个因素。

（3）过于亲力亲为，没给自己团队成员锻炼的机会。

作为一名成功人士，于经理凡事都喜欢亲力亲为，一手包办所有活动。但是，他这样做扼杀了年轻成员锻炼自己的机会。长此以往，团队成员会感到迷茫、没有方向，管理者也会很疲惫，团队的士气也就大打折扣了。

3. 从团队的角度来看

（1）市场经理：按部就班，眼界受限。

李鑫的现场协调能力没有问题，但是他的工作大多围绕着展厅里的一些事情开展，他只是在完成于经理给他布置的工作，没有额外的思考和产出。实际上，于经理的部分工作应该交给李鑫去做才对。

（2）销售团队：注重价格，低价邀约。

销售经理其实希望在活动期间能有更多的客户进店，以实现统一成交、快速成交的目的。本着这样的想法，他在给销售顾问布置工作时往往会这样承诺：只要受邀客户到店，就能获得更多的优惠。销售顾问也是本着这样的想法邀约客户的。这就使应邀到店的客户只关心汽车价格，而且通过销售顾问的渲染，客户的心理预期被大大提高，一般的价格优惠根本无法打动他们。

经销商普遍存在的错误思路：

（1）守株待兔。

先观望一番，再模仿一番，以守株待兔之势静观市场变化，大多数经销商都会这么做。但是汽车市场是瞬息万变的，试图以不变应万变很困难，如果前期没有打开局面，那么后期很容易被冠以“难卖”的标签，这肯定是不利于店面发展的。

（2）收缩市场营销活动力度。

尽管做了不少营销活动，但是到店客户数量还是不多，成交率低，销售无法打开局面。有的经销商遇到这种情况便灰心丧气，并由此感到畏惧，马上收缩市场营销活动力度和活动经费，原地踏步。

正确的思路：

（1）总经理。

① 拓展展区，行销为主。这里所说的拓展展区并不是指扩建展厅，而是将展销的形式动态化，主动寻找客户，在客户方便到达或客户较为集中的区域设置展区，开展营销活动，以解决店面位置偏远的问题。

② 利用现有资源，增加异业合作机会。案例中的于经理在餐饮界经营多年，人脉甚广，拥有多家分店，这说明他在这个地区的影响力还是很不错的。实际上，他可以尝试异业联盟的方式，利用他在餐饮界的资源带动汽车的销量，与商场、服装公司、旅游公司开展合作，凭借多元的经营模式来提升店面影响力和汽车销量。

（2）市场经理。

进行市场调研，搜集客户信息。一个好的市场经理，是可以将集客到销售统筹起来的。对于李鑫而言，要开展大量的市场调研工作，不仅要研究汽车行业的市场情况，而且要研究本地区其他行业的市场情况。同时，他还应广泛搜集客户信息，包括他们的年龄、行业、家庭构成、喜好、关心的话题、娱乐的方式、经常出入的场所等，然后根据市场调研结果和搜集到的客户信息绘制出完整清晰的客户画像，制订营销方案，开展有针对性的品牌影响力宣传和产品深度体验的市场活动。

（3）销售团队。

① 销售经理和销售顾问应当准确地识别目标客户，了解活动的特点和内容，通过各种方式邀请更多客户进入店内参加活动，提高汽车成交率。销售顾问还应学习、掌握一些销售话术，更好地与客户进行沟通，无论是邀约客户进店，还是现场向客户介绍活动的特色，与客户谈判完成交易，沟通工作

都是重中之重。

② 销售经理和销售顾问应该思考：为什么客户要购买这个品牌？为什么要从我店购买？为什么要从我手里购买？找出这几个问题的答案，有助于与客户谈判时抵挡住客户的“攻势”。

案例跟进

1. 总经理

（1）可以在汽车城的入口附近设置一块展区，以吸引客户的注意力，还可以在商场的展台、户外公共停车场周围设置展区，开展展销活动。总之，要走出店面，店内营销和店外行销双管齐下，这样才能提高汽车销量，提升店面形象。

（2）与酒店、商场、旅游公司等开展合作，拓展汽车销售空间，提升自身在市场中的生存能力。

2. 市场经理

通过市场调研，对营销活动的内容做出适当调整。比如，李鑫完全可以将内展活动改成外展、巡展活动，到商场、酒店、公园、公共停车场开展展销活动，甚至可以通过客户自驾、试驾等体验活动吸引客户。建议制作一份“市场营销活动工作总结表”，将历次活动的开展情况概要记录到表格中，从而发现问题，总结经验，不断提高活动质量。总而言之，应该从客户的角度尽量多地安排体验类的活动，同时主动上门服务，比如上门试驾，上门展车，上门维修、保养等，甚至可以为客户提供为期一天的车辆使用权限，这些都有利于提高车辆成交率和客户满意度。

市场营销活动工作总结表

日期	2月2日	2月9日	2月16日	2月23日
地点	××商场	公园外展	××酒店	店内试驾
活动形式	静态展示	静态展示	静态展示	动态展示
物料使用	宣传资料、展架、投影	展架、传单	宣传资料、展架、投影	电子大屏幕
预算	2万元	2万元	5万元	5万元
实际开销	2万元	2万元	5万元	5万元
厂家要求	展区须有厂家制订图样	无	无	无
集客人数	13	12	20	25
成交量	5	4	5	8
活动总结	外展人数众多，客户询问门店的位置，临时调派车辆运送客户前往门店	公园展示，时间选在节假日期间效果更佳，客户提出试驾要求，由于场地和展示车辆有限，未能满足客户的要求，邀约客户基本到店	宣传内容符合客户需求，表明异业合作效果明显，对提升门店知名度很有帮助	客户试驾意愿强烈，现场气氛良好，试驾车辆等待时间过长，下次应调整试驾车辆

3. 销售团队

对于销售经理来说，应该在活动开始前，召开活动启动会和动员会，目的有两点。

（1）介绍本次活动的规模、目的、预期达到的效果、具体执行的方案、在活动期间需要使用的话术、价格的优惠幅度、为客户准备了哪些礼品，尽量突出重点，方便销售顾问理解，然后对整个活动的流程进行讲解，确保销售顾问有条不紊地开展销售活动。

（2）公布奖惩机制，设定邀约奖和销售奖，以此调动销售顾问的积极性。

邀约时，销售顾问要真诚、耐心地与客户进行沟通，向客户讲解本次活动的宗旨，以及本次活动能给客户带来什么。如果客户非要提前询问价格，可以告知客户本次活动店面成交意愿非常强烈，会在价格上做一些让步，并有一系列具体的优惠政策，以打消客户的疑虑。

如今，汽车市场已经走过了“坐商”的时代，经销商必须主动出击，想尽一切办法，增加自己的曝光率，频繁在潜在客户面前出现。这需要已经习惯过去经营模式的经销商，走出自己的“舒适区”，对过去的经营模式进行升级换代，开展形式多样、贴合用户需求的市场营销活动。要想搞好贴合客户需求的市场营销活动，经销商需要事先进行充足的准备，并进行精确的市场调研。市场营销不仅要做宣传，做活动，更要做计划。

能力进阶小课堂

1.根据客户的身份背景、生活习性、消费需求、决策方式、购买偏好、购买潜力、行为倾向等信息构建“客户画像”，再根据“客户画像”制订店面运营、市场营销、客户维护、风险管理等相关策略。

2.制订市场营销计划时要考虑季节及节假日因素，合理安排营销活动，以达到最理想的效果。

3.开展各种形式的客户体验活动，为有购买意向的客户提供贵宾服务以及一天的试驾车使用权。当然，这个过程可以由工作人员充当代理司机的角色，确保安全，增进体验，扩大自己的知名度。

4.与商场、酒店等开展异业合作，使得优惠方式更加多元化，通过向客户赠送商场购物卡、酒店贵宾卡等，激发客户的购车欲望，带动销量的增加。

魔杖应用案例 5　新思路、新方法是逼出来的

在这个世界上，面对困境时，总有一些人会突破常规，想出一些创新性的方法，让人出乎意料，取得常规手段所无法取得的效果。而更多的人，拘泥于现状，不敢去突破，更不敢去创新，他们眼中看到的永远是种种客观存在的困难、阻碍，而看不到自身潜在的能量。心中的魔障，才是我们前进中的最大阻力。只有摒弃过去，进行大胆创新与尝试，才能突破困境，不断取得成功。

案例故事：把现代网络和通信工具用到极致

网店销售顾问邵广博与其他销售顾问有些不同，他的客户并没有到店，而是通过手机视频在和他沟通。寒暄之后，邵广博应客户的要求，将手机摄像头对准店面新进的一款汽车，拍了一个全景，然后打开车门坐在了主驾驶的座位上。“怎么样，王先生，没骗您吧？这辆新款汽车可是有着更加前卫的外形设计，您也看到了，内部设计也很不错，方向盘的手感特别好，座椅坐上去也特别舒服，在这个级别里很少有呀。”邵广博一边向王先生介绍车子的优点，一边对着方向盘和挡位拍摄，手机屏幕中的王先生聚精会神地听着邵广博介绍着。

“小邵，你再给我照一下中控屏吧，我还是喜欢大屏的，这个屏幕是多大的？”王先生又提出了要求。邵广博将手机摄像头对准中控屏，一边比画一边说：“您看，9.2英寸的大屏幕，行车过程中信息读取非常方便。”视频

画面中的王先生满意地点点头。邵广博接着说："现在您就差来试车了，店面位置信息一会儿我在微信上给您发过去。不瞒您说，我们店周围的环境，试驾路线、路况都非常好，能让您充分体验这款新车的性能。等您到店后，我亲自带您体验。我们约个时间吧！"

王先生有些犹豫："车型还是非常不错的，就是车子的价格你还是帮我争取一下吧。毕竟你们店面那么远，我可不想白跑一趟呀。"邵广博连忙解释："王先生，您放心吧，只要您给我时间，我就能为您争取到一个双方都满意的价格。您看，这也带您看了好一会的车了，您只要确定购买我们的车，其他的问题都好办。"王先生犹豫了片刻："那好吧，明天上午我去一趟，到店后我给你打电话。""太好了，到时候我等您。"邵广博高兴地答应着。

挂断了视频通话，邵广博来到自己的办公桌前，打开电脑，录入客户信息。边上的同事李伟好奇地凑过来，一边看着他录入客户信息，一边抱怨着："今天我邀约客户都失败好几次了，店面位置这么远，越来越不好邀约客户了。你这可好，光是今天我就看见你好几次在电脑中录入邀约到的客户信息了。同样是客户销售，你是怎么做到的？有什么新思路吗？""这你就不知道了吧？你得借助高效的互联网，与客户建立更多的联系。"邵广博说完，打开手机微信，将店面的位置信息和两段其他客户试车情况的视频发送给了王先生。接着，他又拍了拍正在挠头的李伟的肩膀，"走吧，共进午餐，我传授你两招。"

案例情境解析

1. 从客户的角度来看

（1）店面位置太远，客户怕麻烦。

各个汽车4S店的销售顾问们会通过各种方式邀请客户到店。面对销售顾问的邀请，客户也在进行着筛选和比较。客户没有时间去所有向他发出邀请的销售顾问所在的4S店，客户也需要考虑成本——经济成本和时间成本，只有当客户觉得“值得”的时候，他才会到店。

（2）不希望总被电话打扰。

很多客户不愿意接电话，或者接电话后通话也比较敷衍，这让销售顾问无所适从。与其说这是客户的问题，倒不如说这是因为销售顾问回访话术千篇一律——先是向客户问好，然后就问客户考虑得怎么样了，最后告知客户周末店内有活动。对于此类电话，客户选择拒绝或敷衍也就理所当然了。而电话沟通也有不可避免的劣势——只能通过声音来判断对方的想法，这对于销售顾问来说，有着一定的沟通难度。

（3）不清楚购车的步骤。

客户对汽车销售价格是非常敏感的，这也是一种正常的消费心理。但有时是因为客户并不了解购车的步骤，不知道该问什么，他们只好问价格了。客户需要销售顾问帮助他们选好车、购好车，而不是一个劲地向他们推销汽车。

2. 从销售顾问的角度来看

（1）店面位置偏远。

很多汽车4S店的位置离市区比较远，客户不愿到店里选车、购车，这也成了销售顾问非常头疼的问题，使他们难以邀约到更多的客户。

（2）不能满足客户的需求。

客户希望销售顾问能够为他们提供有价值的信息，而销售顾问所理解的“有价值的信息”就是价格优惠，人为地把双方沟通的内容限定在一个很狭窄的范围内，甚至还抱怨客户总是关注价格，而不顾其他。

（3）与客户沟通的方式单一。

固定的邀约话术，客户固定的拒绝言语，打完电话后固定的郁闷情绪，是很多销售顾问的日常工作状态。除了电话回访以外，销售顾问很少主动与客户进行联系。而且打回访电话也只是“例行公事”，几次通话之后，客户就不愿意再和销售顾问联系了。

面对困境，经销商通常会出现的错误的思路：

（1）管理者的经营方式单一。

管理者的经营方式过于单一，只注重搞一些形式化、公式化的营销活动，而不注重店面形象的塑造；只希望“抓”客户进店，而不懂向客户传递店面的服务理念，沟通方式单一，话术单调。销售团队成员自己就没有真正地感受到店面的产品和服务的价值所在，自然也就无法向客户做出解释了。

（2）只谈价格，吸引客户。

销售顾问急于邀约客户到店购车，会在汽车销售价格方面对客户做出大幅度让步，向客户做出不切实际的承诺，这是引导客户关注价格的错误做法。任何一家经销商都无法保证自己所销售的汽车的价格在本地区是价格最低的。客户带着期望而来，自然希望得到更多的优惠，一旦发现销售顾问是在“忽悠”自己，对销售顾问的信任感立刻就消失了，于是感到不满，继而转身离去。

正确的思路：

（1）借助现代网络通信工具向客户展示产品。

“如果客户不能到店，那么我们就不与客户谈”，这可能是很多经销商的管理者给销售顾问制订的一个销售规则。不与客户见面，如何开展销售工作呢？销售顾问心中很困惑，工作中也感到无所适从。其实，只要解答了客户的疑问，满足了客户的期望，那么是否与客户见面并不重要。客户对产品和服务的认知很大一部分来自他们的视觉感受，所以，销售顾问可以借助现代网络媒体、通信工具，在客户没有到店的情况下完成产品的展示过程，让客户从各个角度了解产品，对产品有一个直观、整体的认识。在展示过程中，销售顾问还可以通过向客户讲解产品知识、解答客户疑问来展示自己的专业性、亲和力，让客户感受到自己服务的热情，相互间建立起信任关系。

（2）借助网络、通信工具，提升客户满意度。

① 满足客户收集产品信息的需求。由于工作、时间、距离等原因，有时客户不能亲自到店选车、购车，所以借助现代网络、通信工具向客户介绍、展示产品，满足客户搜集产品信息的需求，就显得尤为重要。案例中邵广博的做法非常可取，客户不方便到店，他就通过微信与客户联系，通过视频通

话为客户介绍车子的外观、内部构造和性能等，让客户对车子有了直观的感受。这个过程实际上拉近了客户与产品之间的距离，让客户产生一种身临其境的感觉。这种沟通方式和面对面的沟通方式非常相似，远远优于电话沟通方式。

② 帮助客户建立购车标准。通过新兴的社交通信工具，与客户建立联系，进而为客户建立购车标准，就相当于掌握了产品销售的主动权。当客户再去其他经销商的店内看车时，就会以我们为其建立的购车标准衡量对方建立的购车标准。因此，把握先机，为客户建立购车标准是非常必要的。

（3）借助网络开发客户、推广产品。

在现代社会中，各个网络平台之间是相互关联的，而客户之间也会相互关联，这样一来，店面和客户都属于网络中的一个节点，我们可以以更多的方式与节点上的客户取得联系，向他们发送产品、服务信息，开展线上宣传、营销。这种营销方式其实就是互动式营销。

案例跟进

根据上述思路，我们梳理出了完整的服务客户的方式。

1.为客户提供远程服务

客户不能到店时可以通过远程服务的方式解决空间阻隔的问题，这种为客户量身打造的远程服务，方便快捷，而且客户不会被打扰，心理上就处于放松的状态，能够很好地配合我们完成汽车展示过程。销售顾问可以通过直播或微信视频的方式，邀请客户和他们的家人一起参与。对于需求分析环节，注意调节气氛，而且建议此过程和静态展示一并完成，在聊天中自然地完成需求分析的过程，满足客户的好奇心，客户需要介绍、观看哪些车的哪个部位，就按客户的指示行事。甚至可以让同事帮忙录制自己试驾汽车的视频，录完后将视频发给客户观看，让客户体验试驾的感觉。通过展示和讲解，销售顾问可以满足客户的好奇心，使客户产生亲自来看车、摸摸方向盘的冲动。

现在的通信工具众多，常用的比如微信，就有着很强大的沟通功能。销售顾问可以通过微信视频沟通的方式，陪同客户远程看车，介绍汽车亮点，这样既帮助客户节省了时间，同时也起到了吸引客户的作用。另外，信息的发送也是非常必要的。案例中，销售顾问向客户发送的店面位置信息，帮助客户找到了店面的具体位置，向客户发送的试驾视频，可以吸引客户准时赴约，到店看车。在与客户沟通的过程中，销售顾问是站在客户的角度帮助他做出选择的，客户不会有压力，反而会很倾向于接受销售顾问的建议，因此后续的客户回访工作的阻力也会逐渐减弱。

2.运营、维护网站与媒体平台

（1）从店面的角度来说，垂直媒体和网站由网店销售部主管负责运营、维护，文章的发送时间，价格信息的跟进，都将影响到客户的信息收集工作。

（2）从销售顾问的角度来说，可以借助抖音、快手等短视频平台与客户进行互动。在抖音或者快手平台上，用户的电话号码或者微信号码是被绑定的，因此很容易与客户建立联系并且建立客户群。

3.整合客户资源

（1）从店面的层面来说，可以打造自己的微信小程序，吸引一批客户聚集在自己的周围，建立起自己的微信社群，这样店面发送的活动邀请信息就会很准确地发送到客户的手机上，不会有信息传递过程中的损耗，同时也可以借助小程序的一些功能，开展线上支付、上门服务、异业合作等业务。

（2）对于销售顾问而言，在与客户取得联系的过程中与客户建立起信任关系，成功邀约客户到店的概率会大幅增加。另外可以通过直播方式吸引更多客户的注意力，建立自己的客户粉丝群。目前支持直播销售业务的软件层出不穷，比如抖音、快手、斗鱼、YY直播等。现代网络的高速发展不仅帮助客户跨越了空间阻隔，高透明度的信息传递还能建立起良好的信任关系。

在汽车行业，销售顾问经常会遇到邀约客户到店难、与客户沟通难的问题，这不仅仅是店面地理位置偏远导致的，更是销售顾问执着而单一地希望客户到店造成的。要想有效解决这一问题，销售顾问可利用网络高效传输信息的特点和新兴通信工具随时随地沟通的功能，借助现代网络和通信工具，与客户进行无障碍、互动式深层立体的沟通。互联网的时代，是以多样化的手段满足客户需求的时代，是客户参与、体验营销活动的时代。只有积极迎合时代的发展和变革，才能突破店面经营中的困境，打开汽车销售的新局面。

能力进阶小课堂

1.店面网站信息的更新，微信公众号消息的发布，不在于信息发送和更新的速度有多快，而在于发送的信息有多准确。

2.文字类信息的传播离不开图片的支持，清晰的图片可以起到画龙点睛的作用，吸引客户的注意力，激发客户的购买欲望。

3.在与客户沟通的过程中，要充分发挥视频的作用。利用视频向客户直观地展示汽车的外形、内部构造，向客户演示试驾过程，为后续的交易做好铺垫。

魔杖应用案例 6　黑猫白猫协同，抓住老鼠都是好猫

各部门分工不同，但目标是一致的，就是打胜仗！在一致的目标的指引下，每个部门、每个人都想方设法多做一些工作，力争每天都有提高、有进步。一枝独秀，不如遍地开花。每个部门、每个人除了将自身的工作做到位之外，还需要站在团队的角度，用整体发展的眼光去审视其他部门、其他人的工作，并给出建议，为其提供帮助。这样就会产生一加一大于二的效果，有助于大家的共同进步和企业的持续发展。

案例故事：部门协同销售衍生业务产品，一举多得

2018年1月，××汽车销售公司展厅门前，刘先生如约而至。他手中拿着资料袋，一边往展厅里走，一边拍打着身上的雪花，跺着脚上沾着的积雪。销售顾问张勇早就在前台等候刘先生，看见刘先生走进来，他赶紧迎上前去。算起来，刘先生已经是第三次入店了。他之所以选择在张勇这里买车，是因为这小伙子办事踏实，服务周到，最主要的是张勇帮助他做好了资金预算，使他可以购买到心仪的高配汽车。

对于资金有限的刘先生来说，低首付的信贷购车，确实是再合适不过的购车方式了。他这次来是为了办理购车手续，并详细计算首付总金额的。张勇领着刘先生来到信贷办公室，打开刘先生的文件袋，清点着办理购车手续所需的证件、材料，刘先生根据之前张勇发送给他的短信将相关证件、材料准备得很齐全，没有什么遗漏。信贷专员侯雨指引着刘先生确认信贷合同的

内容，并做最后的签字。他告诉刘先生：“刚才为您申请的是最低首付的贷款方式，由于您的信用额度较高，您可以同时申请零利息衍生业务信贷。”

正要签字的刘先生听了侯雨的话，提起笔来犹豫着。“没关系的，刘先生，衍生业务贷款和您的后期车贷不发生冲突，如果您不需要，可以放弃。不过，这也是为您降低前期预算的一种方式，属于您的信贷权益，我建议您勾选此项。”没有什么比降低前期预算对刘先生更有吸引力了，最终刘先生还是选择了衍生业务贷款并在确认栏中签上了姓名。

在等待信贷审批过程中，张勇引荐服务顾问周志远，为刘先生讲解新车使用的注意事项。在得知刘先生申请了增值业务分期服务时，周志远向他推荐了当前店面为首次购车的客户提供的车辆保养和车辆质量延期保障两项服务：“正如我刚才所说的，汽车部件的损耗在所难免，三年的车辆质量保障期是大多数品牌汽车的质保期限，延长质保期就相当于降低了用车成本。如果您再购买新车保养套餐，只需要再花一点钱，就能让您的新车获得双重保障，保养、质保一应俱全，何乐而不为呢？“周志远的话让刘先生很是心动，而且保养套餐和质保期套餐的优惠幅度较大，确实很值得购买。刘先生在套餐册上挑选着套餐项目，自言自语道：“这样一来，预算还是增加了5000元，虽然划算，但是毕竟是支出呀。”

刘先生抬起头来对周志远说道：“小周，现在购车金额已经超出我的预算了，如果套餐价格再优惠一些，我会考虑的。”周志远听后，感到为难了：“刘先生，这已经是最低价格了，两项套餐加在一起才5000元，您已申请了衍生业务贷款，预算不会超出太多的。”刘先生犹豫了片刻，还是摇了摇头。

陪在一旁的刘先生和张勇，一前一后走出信贷办公室。来到精品部办公室门前时，张勇对刘先生说道：“不如这样，刘先生，您可以考虑一下我们的装饰品新车保养套餐，其中包括了延长质保期套餐中都不包含的车漆保养项目，还有随车赠送的车内装饰品。我们店会向购买新车保养套餐的客户，赠送价值2000元的精品装饰礼包，在客户每次开车到店，我们对车进行保养时，以现金返还给客户，直到返还完礼包的金额为止。本来只有购买10000元保养套餐的客户才能享受此项优惠，购买5000元保养套餐的话，我帮您申请一下，看看您能否享受此项优惠。您家距离我们店比较近，我也是真心希望您能常来店，这样一来，也算是给您优惠了一些。”说着话，两个人已经走进了精品部办公室，刘先生漫不经心地听着张勇的介绍，打量着架子上陈列的车内装饰样品，时不时地用手摸摸样品。张勇说完，他也只是微微点了点头，说了句“我再考虑一下”。张勇见状，没有再给刘先生提出其他建议。

临近下班时，刘先生的贷款审批获得通过，张勇赶紧把这个好消息电话通知了已经离店的刘先生，并且与刘先生约定了他来店付首付款和提车的时间。在挂断电话之前，刘先生说：“小张，我考虑了一下，还是帮我把保养套餐和精品装饰礼包加进去吧。可以分期的，是吧？”“好的，刘先生。每次您的车在我们店做保养时，还会按比例返还礼包的金额，直到返完为止，非常划算的。”张勇一边回答着，一边飞快地在刘先生的订单上加着备注信息。“那好，就这么定了，今天是星期六，我们约在下周一提车好了。”电话那头，刘先生说道。“没问题，刘先生，我们下周见。”张勇愉快地回答道。

案例情境解析

1. 从客户的角度来看

（1）希望享有购车选择权。在购车过程中，客户总会感觉店面的优惠政策和服务项目中有“水分”，藏有陷阱，所以对个人应该享有的消费权益非常敏感，既想从店面那儿获得好处，又害怕掉进消费陷阱。案例中的刘先生就有这样的顾虑，在得知衍生业务信贷不会对自己购车产生负面影响时，他才做出了购车的决定。

（2）希望在购车时享受到更多的优惠。无论何时，客户都希望能以最低的价格买到自己所喜欢的商品，在购买过程中总是尽可能地压低商品价格。案例中，店面的新车保养套餐和质保期套餐的价格已经是优惠价了，但刘先生还是索要折扣，这其实也属于正常现象。

2. 从店内工作人员的角度来看

（1）了解客户需求。

要想顺利促成交易，销售顾问需要清楚地了解客户的需求，对症下药。案例中的信贷专员侯雨针对刘先生的低预算需求，及时向他推荐了零利息衍生业务信贷，为接下来的新车保养套餐和精品装饰礼包的成功销售埋下了伏笔。

（2）专业人员的光环。

很多时候，销售顾问并不适合向顾客推荐衍生业务产品，反而是其他部门的专业人员给出的建议更能让客户信服。因为在客户心目中，这些专业人员与自己没有直接的利益冲突，采纳不采纳他们的建议都不影响自己购车，如此一来，反而更有利于衍生业务产品的销售。

（3）产品销售的灵活性。

我们可以看到，案例中店面衍生业务产品的灵活性强，不同的产品可以任意组合在一起，这对于满足客户复杂的需求是非常有帮助的。

经销商面对这样的情况，常常出现的错误思路：

（1）急于求成。

我们经常能看到，某些经销商的销售顾问在向客户介绍产品的过程中功利心过强，滔滔不绝地罗列着产品的优势，整个沟通过程中几乎是自己一个人在“表演”。这种行为看似专业，但是带有强烈的灌输色彩，客户会有抵触和防备的心理，会有意识地忽略掉接下来自己所听到的信息。所以，话术要有效，表达方式也不能急于求成。

（2）形式化的介绍与敷衍。

可能是由于对自己所销售的产品不感兴趣，也可能是由于缺乏责任心，销售顾问在向客户推销产品时，往往只是在念着形式化的“台词”。客户往往也会被销售顾问的情绪所“感染”，对于销售顾问提到的内容提不起兴趣，甚至选择有意回避或离开。毕竟，连销售顾问自己都不喜欢的产品，如何让客户接受呢？

那么如何才能高效地推进衍生业务呢？

（1）从员工的角度来说。

① 专业人员的权威介绍。

各个业务部门的负责人，需要与销售顾问配合好，以专家的形象出现在客户面前，与客户沟通，沟通的重点是介绍产品，而非推销产品。客户往往会在自己的心中进行利益的权衡，如果他们感到“专家”没有逼迫自己做购买的决定，那么他们就不会反对专业人员的建议。案例中，侯雨及时地向刘先生推荐了零利息信贷产品，对于刘先生来说，这种有百利而无一害的信贷产品是对方白送给自己的，不要白不要，万一发挥了作用呢？紧接着就是服务顾问周志远的耐心讲解，他一方面激发了刘先生的购车欲望，一方面树立了自己的专业形象。虽然他的工作没有直接导致衍生业务产品的成交，但是为衍生业务的最终成交打下了良好的基础。专业人员站在自己的角度给出的意见对客户来说是很有参考价值的，不过话说回来，店面工作人员自然有义务从客户的视角出发看待问题，为客户解决问题，这一点毋庸置疑。

② 传递信息，相互配合。

信息的传递非常重要。案例中，刘先生购车的预算有限，销售顾问张勇看到了这一点，便将刘先生的“预算有限”作为突破口，向他推荐了低首付的贷款方案。信贷专员侯雨也提取了“预算有限”这一关键词，向刘先生推荐了衍生业务信贷服务，信息依次传递给了服务顾问周志远，他为刘先生匹配了最合适的衍生服务产品。总体来说，“预算有限”这一信息在传递过程中非常顺畅，而且精准，其中应该包含客户的需求、痛点，解决思路和方案方法。这就是团队完成优质客户销售方案制订的标准信息传递方式。

再来说说配合，在整个销售活动中，我们需要的不是个人的单打独斗，而是团队成员之间的密切配合。在公司里，会有多个业务部门，各个部门都有专门的负责人，但是部门多，负责人多，信息在传递过程中就会衰减。因此，相互之间要保持联系，进行密切配合，以保持沟通的顺畅、信息的顺利传递，在配合上要把握好时机和节奏。简单来说，时机切入要恰到好处，为客户介绍产品要简洁明了，无须刻意扭转客户的想法。在节奏的把握上，向客户推销产品时要不紧不慢，不能急于求成，要给自己留有思考的余地。甚至要让客户知道，我们也是在为客户判断利弊，帮助他们做出最好的购买决定。

（2）从产品的组合层面来说。

产品要多样化，不能过于单一。很多汽车4S店都存在同样的问题，就是注重产品的“多”，而不是产品的“多样化”。他们所销售的汽车产品往往比较单一，即使有几种产品，也只是简单地将产品罗列在一起，让客户去了解、去研究、去选择，而这对于客户来说，是一件非常难的事情。客户希望的是“你告诉我什么产品适合我，由我来选择”。要想满足客户的这一要求，经销商的产品不但要“多”，而且要能够很方便地进行拆分与组合。

案例跟进

根据上述思路，让我们梳理一下衍生业务的拓展细节。

1. 人员方面的努力

（1）权威介绍。

可将衍生业务分为不同的模块，由专门的人员来向客户一一介绍，那么这是不是意味着销售顾问需要避开这些内容不向客户做介绍呢？当然不是。负责前期的客户接待工作的销售顾问，需要了解衍生业务的相关知识，并且用相应的话术激发客户的兴趣，而更深入地介绍与说明工作，可以留给衍生业务的负责人来做。比如销售顾问可以向客户推荐低首付贷款购车，并且告知客户：“在您办理贷款申请手续时，我让富有经验的信贷专员帮您想想办法，看看能否为您节省更多的预算。”

（2）传递信息，相互配合。

可以召开会议向各部门及员工公布客户所需信息，也可以通过店面的网站、QQ群、微信群公布，还可以让员工们私下交流，传递客户信息，从而实现客户共享的目标。这里只强调一点，那就是销售顾问的随时陪同，就客户信息而言，销售顾问了解得最为详细，可以在现场随时补充。

各部门人员要相互配合，前后照应，在不同的环节和时间段适时地向客户推荐衍生业务产品。在申请贷款等待审批、交付车辆等待付款等环节，都会出现客户等待的情况，这些时间是可以被充分利用起来的。比如，在客户递交贷款申请手续的过程中，可以为其介绍还款的注意事项，进而向其推荐增值业务贷款；在客户等待交付车辆的过程中，向客户介绍车辆使用的注意事项，进而向其推荐车辆质保期延长套餐、保养套餐等衍生业务产品。这样一来，客户在等待的时间段内就不会因觉得无聊、着急而不断催促销售顾问，反而觉得店内安排得很周到，而且客户的购车体验感也得到了提升。

2. 产品方面的开拓

（1）拓展衍生业务产品种类。

要拓展衍生业务产品种类，让客户有充分选择的空间。精品装饰（太阳膜、挂件饰品）、行车记录仪、音响、保养套餐、备件优惠券、车辆保险、车辆质保期延长套餐等，都是必不可少的衍生业务产品。此外，还可以开发出本行业之外的其他衍生业务产品，如针对商务客户的英语书籍、日常生活用品、医疗服务，等等。总之，不同的店面要结合自身的情况和客户的需求拓展衍生业务产品的种类，为销售顾问提供更多的推荐空间，也给客户留有选择的余地。

（2）灵活组合衍生业务产品。

我们看到的产品组合一般是这样的——A+A=2A，2B+B=3B，3C+C=4C，等等。A、B、C可以简单地理解为某一类的产品，比如A代表精品装饰，B代表保险，C代表车辆保养，它们之间往往缺乏有效的组合，很难形成A+B=C的情况。产品组合的自由度是衍生业务顺利开展的关键。案例中，保养套餐、车辆质保期延长套餐、价值2000元的精品装饰礼包套餐，这三种衍生业务产品组合在一起，而客户购买精品礼包套餐所花的2000元，会在接下来的车辆养护过程中逐步返还给客户，店面可能已经无利润可言，客户却都会心动。为了享受这项服务客户需要频繁到店，客户黏性得以保证，另外后面的维修客户车辆收取的费用也成了店面利润的一个来源，这样一来，店面收获的就不仅是从客户那儿所获得的一点利润了，而是客户背后的商机，客户背后的客户。这就是产品灵活组合所带来的好处。

衍生业务只是汽车4S店诸多业务中的一种，却是现阶段经销商的一个重要的利润来源。正所谓“众人拾柴火焰高”，衍生业务涉及各个业务部分，需要各部门人员高效紧密配合，才能顺利开展。

能力进阶小课堂

1.客户购车后可以向客户介绍新车使用的注意事项，以提升客户的满意度。

2. 别着急催促客户成交，耐心地“侍候”客户更利于成交。

3.利用宣传册、店内展架、优惠套餐等进行衍生业务的宣传。

4.对销售顾问进行相关的培训，提升他们对衍生业务组合产品的了解程度。

5.开展业务部门联谊活动，增进各业务部门之间的感情，培养员工的团队合作精神。

6.各部门新人到岗后，需在其他部门实习两到三天，了解相关业务模块的内容、流程与要求。

魔杖法力加强实战1　高端车客户满意度的提升

相对于产品来说，客户更加看重高端车的服务环节。他们往往被产品吸引到店，然后根据自己对店面服务的综合感受决定是否购买产品。

困境：如何应对不断提升的客户期望

某汽车4S店已经经营多年，店面管理者深深体会到：当前市场竞争激烈，客户的购买期望也在不断提升，只有为客户提供良好的购买体验，提升客户的满意度，才是防止客户流失的有效手段。因此，该店一直在探索如何为客户提供更为出色的服务体验。经过分析，他们决定从高端车客户入手，精心做好服务的每一个细节，力争刷新客户的体验标准，让自己的店面成为他们心中最好的店面。

魔杖思路与实施：三大魔力举措赢得高端车客户

管理者将店面客户分为高端车潜在客户、高端车现有客户、转介绍来的新客户三类，从这三个维度有针对性地进行客户满意度的提升，对应的服务实施方案的思路为：建立细节服务标准，持续为客户提供良好的服务体验；拓宽服务维度，强化客户满意度；鼓励老客户转介绍新客户，提高新客户满意度。

1. 建立细节服务标准，持续为客户提供良好的服务体验

（1）从门岗到店面，树立良好的第一印象。

从客户看到店面的第一眼开始，他就已经在自己的心中建立起了对店面的“第一印象”，这个过程仅需45秒的时间，而计时是从客户接触到店面的第一位员工——门岗保安开始的。所以，店面要求保安人员身着统一制服，行为举止必须标准化，车辆经过门口时需要敬礼，礼貌问明客户来意，然后通过对讲机通知前台人员做好客户的接待工作，之后要引导客户停车，客户下车时替客户拉开车门，这样一来，客户会产生一种“我被优待”的感觉。

（2）为客户及其车辆提供遮阳、挡雨服务。

客户下车进入店面时，由早在门口等候的工作人员为客户撑伞，将客户接入展厅，这一过程需要和保安保持良好的沟通。与此同时，为了确保客户离店时客户车子的内部温度不会过高，派专人用遮阳布覆盖车子，确保车内温度适宜，让客户产生被特别关注的感觉。

（3）利用果品茶点创建良好的店内服务体验。

对于高端车客户来说，他们特别关注自己在店内所享受到的“待遇”，而店面所要做的就是无时无刻不去彰显自己的服务特色，四季特色水果，高级茶点饮品等，都是在从细节方面向客户表达自己的诚意。客户关注的不仅是车辆的价格和价值，还有整个店面服务体系的价值。

（4）为女性客户提供专属休息区，为她们带来尊贵的关爱体验。

要为女性客户提供专属的休息区，提供毛毯和温热饮品，为她们创造舒适惬意的休息空间。对孕妇和老年女性客户，要派女服务员全程照顾她们。这些都很好地向客户传递了店面的服务理念，让她们全程都会有愉悦的感受。

（5）设立单独的洽谈室，惊喜的交车环节带来愉悦心情。

独立的洽谈室，安静的洽谈环境，专属的品茶区，精致的点心拼盘，无须过于复杂，就能让客户感受到经销商的用心。

可以在交车环节为客户制造一些惊喜。在成交后的交车环节，可以为客户制造一些意外的惊喜，比如向客户赠送生日蛋糕、精美汽车宣传画册、少儿玩具，领导到交车现场致辞答谢，这样可有效烘托交车气氛，优化客户感受。

2. 拓宽服务维度，强化客户满意度

（1）建立高端车客户服务群，解答顾客疑问。

对于现有客户而言，后期能否便利快捷地用车，成了他们关注的焦点，店面可以利用QQ、微信建立现有客户的专属服务群，进行在线交流、答疑，帮助他们解决在用车过程中遇到的困难。

（2）为高端车客户提供店内特色午餐，提升客户的满意度。

对来到店内进行车辆维修保养的客户，可为他们提供有特色的店内午餐，以提升客户的满意度，维系现有客户。从长远来看，这也是店面稳定现有客户，提高来店客户数量的一项重要举措。

（3）为高端车客户提供上门服务，丰富客户生活。

对于那些工作繁忙、无暇开车来店的客户，店面可为他们提供上门服务，对他们的车辆进行维修和保养。此外，还可开展客户俱乐部体验活动，如高尔夫球赛、自驾游等。

（4）为高端车车主提供婚车服务，为客户婚礼增添亮点。

为年轻客户提供婚车专享服务，为客户婚礼增添喜庆色彩，在客户的重要人生节点留下店面品牌汽车的“身影”，培养他们对店面品牌汽车的感情。

（5）采访高端车客户，展示客户成功历程。

一些高端车客户的奋斗历程具有传奇色彩，可对他们进行专题采访，将他们的个人事迹在店面的公众号上进行公布并加以宣传，并开设客户专栏，定期发布客户的个人文章。此时的店面不再是买卖场所，而是一个交流平台，一种传播媒介。

（6）邀请高端车客户评价店面服务，建立更高的服务标准。

可召开高端车客户店面服务体验会议，听取客户对店面免费服务的评价和建议。还可邀请他们来做店面的服务顾问，帮助店面开展服务工作。根据客户的评价，从客户视角查找服务工作中所存在的问题，改进服务水平，优化服务细节，建立更高的服务标准。

3. 鼓励老客户转介绍新客户，提升新客户满意度

（1）奖励机制，促进老客户转介绍新客户。

如果某位老客户为店面介绍了新客户，店面要准备礼品回馈新老客户，礼品可以是车辆保养和维修优惠券，也可以是奖金、奖状等。

（2）开展专属服务及体验活动，提升新客户满意度。

对于老客户转介绍来的新客户，店面可为他们提供上门试驾服务，同时开展店面服务体验活动，邀请新客户参加，提升新客户对店面汽车产品和店面服务的信心。

不久后，该店面的高端车销售量由曾经的总销量占比15%，一度跃至总销量占比33%，并在短短的两个月内，成功售出35辆长库龄高端车，可谓成绩喜人。

案例中，经销商通过对服务细节的准确把握，很好地满足了高端车客户的需求，提升了客户的满意度，对于高端车的销售起到了至关重要的促进作用。与此同时，店面开展的富有特色的服务体验活动，获得了更多顾客的关注与好评，很多非高端车客户也做出了购买高端车的决定，这使得店面高端车的销量迅速提高，店面的客户满意度也得到很大的提高。

魔杖法力加强实战 2　销售结构的诊断与分析

明确DCC业务流程，以结果为导向，借助销售管理系统将DCC业务的每个环节精细化。以客户为中心，结合店面自身优势进行有效的宣传；结合销售人员的工作报表，评估销售人员的工作质量，指导销售人员开展工作；在DCC销售全流程中，均可按照部门合作的思路，设计DDC业务流程、主题服务活动，旨在为客户提供良好的服务体验，从而展现出与众不同的服务特色，增加集客量。

困境：销售结构失调

某三线城市的一家汽车经销商，2017年建店，2020年年度销售目标是售出800辆汽车，店内销售顾问10人，展厅6人，DCC部门4人。店内DCC部门的汽车销量在店面汽车总销量中的占比一直在15%~18%之间，没有达到集团的预期销售指标，集团副总约谈该店面的销售总监，要求销售总监在一个月之内将DCC部门业务彻底整顿好。

魔杖思路与实施：数字营销的全面提升

1. 现状分析

（1）销售总监详细检查了数字营销专员的工作，发现自己平时疏于对数字营销专员的工作进行精细化管理。从统计数据来看，本店所使用的四家网站的发文量均不达标（未根据店内实际基盘及潜在客户情况进行有效发文），严重影响了DCC的集客量。

（2）销售总监又检查了电话营销专员的工作，发现他们电话呼出的次数以及时长均未达标。

①客户信息录入不及时，存在漏录情况。

②回访客户不及时，销售管理系统显示店面集客中的40%以上的客户未建立销售机会。

③销售管理系统显示DCC小组过期未执行占总未执行的90%以上。

④已建立销售机会的客户信息，如客户方便联系时间、客户所属区域、客户爱好、客户过往用车历史、是否是大客户等信息，录入不完整。

⑤回访客户通话时长均在180秒以下且未按照标准流程进行回访、邀约客户。

⑥DCC经理未对销售顾问回访记录做出批复。

2. 解决方案

销售总监召开DCC小组会议，要求DCC小组成员对上述工作的异常情况进行分析，查找原因，做出改进。在接下来的工作当中，销售总监要求各部门人员编制工作月报表并上交，以便对他们的工作开展情况进行监控。

（1）客户开发专员工作月报。通过此表，销售总监可分析出客户开发专员每天工作的饱和程度以及他们发文的质量，并据此表对他们的工作做出指导，促进其进行改进。

客户开发专员工作月报

日期：　　　　年　　月

客户开发专员	工作天数	发文量	日期	周次	汽车之家	易车	爱卡	太平洋	活动文章	发文量合计	×月每天平均
				第一周							
				第二周							
				第三周							
				第四周							
				第五周							
总计											

客户开发专员	工作天数	线索量	日期	周次	接听来电	网络订单	线索量合计	×月平均
				第一周				
				第二周				
				第三周				
				第四周				
				第五周				
总计								

（2）电话销售顾问工作月报。通过此表，销售总监可对电话销售顾问每天工作的饱和程度进行监督与评估，并结合销售顾问邀约到店的数据统计，分析每个人的工作质量。

电话销售顾问工作月报

电话销售顾问	工作天数	工作量	日期	周次	呼入	呼出	呼入呼出合计	跟踪	电话量合计
				第一周					
				第二周					
				第三周					
				第四周					
				第五周					

（3）对DCC业务数据每天进行汇总，每天召开专项例会进行分析评估。

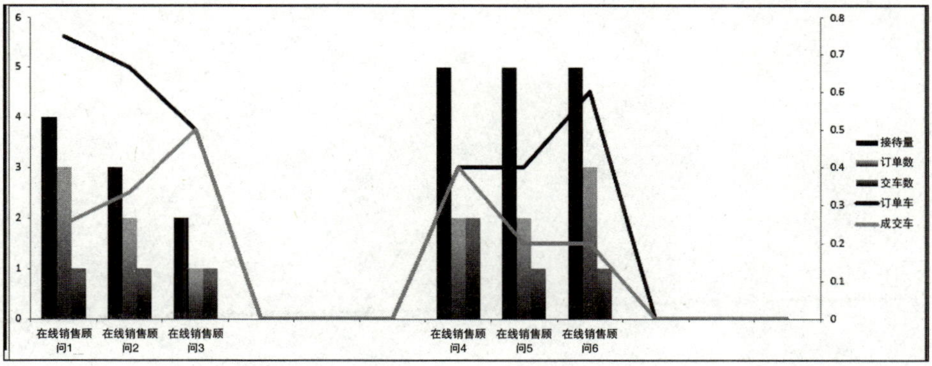

①对照销售管理系统，由DCC经理在每天召开的晨会上汇报每位电话销售顾问当天的客户回访跟进计划，要求DCC经理对每位电话销售顾问的回访记录及时做出批复。

②要求对DCC集客100%建立销售机会，电话销售顾问对某位客户进行多次回访后仍未能建立销售机会，将该客户由DCC经理划分到展厅小组，由展厅小组销售顾问再次对该客户进行回访跟进。

③当天对某位客户未进行回访跟进的，罚款100元。

DCC业务整顿方案执行一个月后，效果显著，DCC小组汽车销量较上月提升了25%，DCC新增有效集客量较上月增加15%，本店各大汽车网站排名提升至本区域第二名。

通常来说，一家经销商的销售结构出现了失调，说明该经销商店面管理的某些环节出现了问题。在实际工作当中，无论是总经理还是销售总监，都应该具备“销售结构的诊断与分析”的意识，每月对销售数据进行汇总、分析，及时发现销售结构失调的情况，及时查找原因，并采取措施，查漏补缺。

魔杖法力加强实战3　库存与财务资金运用分析

厂家的商务政策是环环相扣的。销售总监要能够意识到不仅要在销售业务上获利，还要在财务费用上节流。有了这样的大局观，才算真正地从经理层级跃升到总监层级。

困境：不断增加的库存深度

某三线城市的某品牌汽车经销商，2019年地区的生产总值（GDP）为4028.51亿元，比上年增长6.6%。其中：第一产业增加值为42.48亿元，增长2.1%；第二产业增加值为1518.64亿元，增长5.9%；第三产业增加值为2467.39亿元，增长7.1%。进入2020年，受疫情影响，店面库存深度与日俱增，原本很畅销的车型的库存深度也在2.8以上。 该地区经济形势欠佳，地区生产总值下滑幅度较大，经销商店面汽车销量也随之下滑，2020年5月初，总部下达文件对该店进行通报：①处罚针对库存时间大于180天的车型，每辆车罚金为100元；②月度库存深度增加的车型，每辆罚金为200元；③月度库存深度不变的车型，每辆车罚金为200元。责罚文件下达到该店后，原销售总监离职，新销售总监上任。

魔杖思路与实施：库存智能分析图

新销售总监结合过去店面基盘客户的回店频次及单车产值，对当前疫情形势下本区域经济不景气可能给店面带来的损失情况进行了分析，并与计划员以及财务部人员对库存情况进行了深度解读，发现库存的深度、车辆的流速，与资金的周转率以及厂家的免息、计息政策有着密切的关系。

1. 销售总监关注点

（1）库存分析：库龄结构、车型结构、车系结构。

（2）车辆流速分析：库存数量、车辆流速、流速质量。

（3）资金周转率分析：流动资金、周转天数、进货频次。

（4）免息、计息分析：免息辆数、计息辆数。

2. 财务部人员和计划员关注点

进销存匹配度：限时库存、进货计划、进货批次、进货质量。

3.解决方案

制作库存智能分析图，从各个层面对库存情况进行全面、系统的分析，根据分析结果调整库存结构、进货计划、销售计划，以尽快降低库存量。

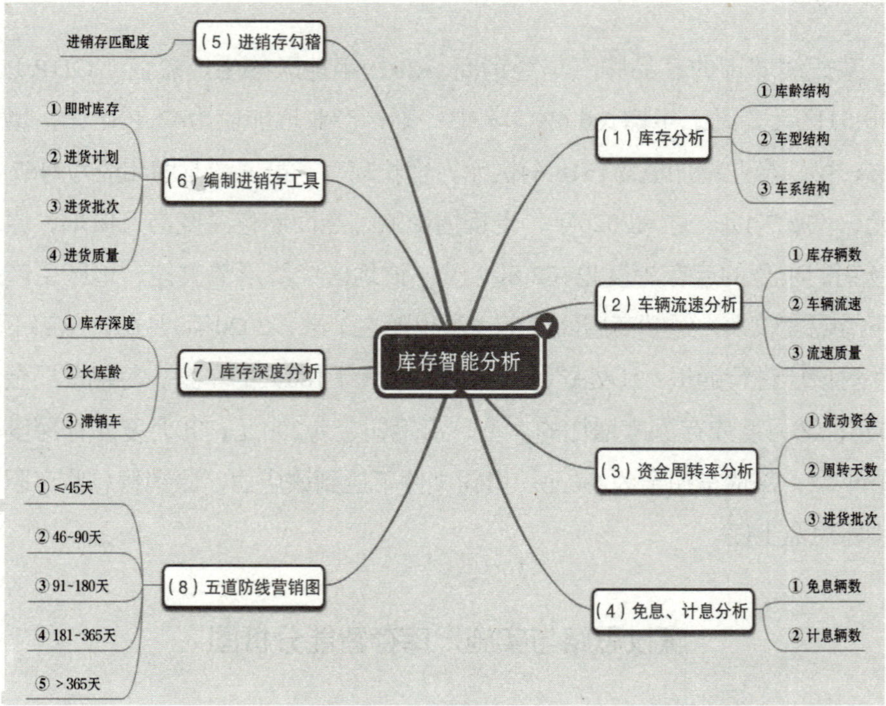

新销售总监建立库存概况分析表、流动资金结构分析表、库存占用资金分析表，然后每日对库存变动情况进行监控，并要求销售经理对各组销售顾问的客户邀约与销售情况进行跟踪监控。经过一个月的重点车型管控，在次月月初就将畅销车型的库存深度降到了1.8~2.8之间。

目　　的：降低财务成本，加快车辆流速
解决问题：优化库存，加快资金流速，提升库存周转率
目　　标：财务费用节省80万元，流动资金降到1800万元

库存概况 　　　　**单位：辆**

项目	总库存	①在库	②在途	滞销车警示	长库龄预警	厂家进货任务	厂家销售目标
数值	190	166	24	4	65	5	109

新销售总监与财务部人员合作，每日对流动资金、库存资金进行严格管控，最终增加了应收账款总额。

流动资金结构 　　　　**目标：流动资金2000万元**

项目	流动资金总额/万元	流资总额周转天数	厂方存款/万元	在途车辆/辆	库存资金/万元	应收款项/万元	贷款保证金/万元	赎证资金/万元	其他占用资金/万元	自有资金亏损/万元	应付车款/万元
目标	2000.00	45	1.00	230	1088.00	50.00	100.00				
实际	2911.00	83	37.00	192	2396.00	88.00	155.00		43.00	−504.00	153.00
差异	911.00	38	37.00	−39	1308.00	38.00	55.00	0.00	43.00	−504.00	153.00
评价	异常	异常	异常	异常	异常	正常	异常		异常		
发现问题：1. 资金结构基本合理；2. 流动资金总额高；3. 库存资金不合理 解决方案：											

财务人员充分利用厂家的免息政策，控制财务成本，减少财务支出，月减少财务费用6. 80万元，年可减少81.60万元。

库存占用资金情况分析

项目	库存量/辆	占用资金/万元	财务成本/万元	免息/%	占用资金/万元	计息/%	占用资金/万元	财务成本/万元
目标	80	1088.00	6.24	64	870.40	16	217.60	6.24
实际	166	2396.00	12.09	33	424.33	133	1971.70	12.09
差异	86	1308.00	5.85	−31	−446.07	117	1754.07	5.85
评价	异常			异常		异常		

一名新上任的销售总监，应该从销量、利润、厂家政策、人员四个方面对店面工作的各个环节进行系统的梳理，及时发现其中存在的问题，并采取措施加以解决。尤其是财务资金管理方面，往往是销售总监们的“弱项”，但作为总监级别的职业经理人，为了能够更好地开展本职工作，财务资金管理这部分知识是势必需要加强的。财务资金管理知识也是底层销售顾问进入职场高层的一块“敲门砖”。

魔杖法力加强实战 4 应用新媒体增加展厅集客量

店面在开展直播活动前，要通过短视频吸引客户的注意力，为直播进行预热，等有了一定的粉丝积累后再开展直播活动。根据直播情况，评估每次的视频内容，关注客户需求，调整视频内容。在前期的宣传过程中，借助店面整体的宣传力量，在各大社交媒体平台发送宣传信息。首先，充分准备好直播内容，选择店面最具人气的主播。其次，在直播过程中，主播与客户积极互动，活跃现场气氛，并且准备应急预案，以应对直播过程中可能会出现的突发情况。最后，选择固定的直播时间，关注直播过程中的积极互动人群，可以通过私信的方式与客户保持联系，关注客户的反馈。

直播与视频内容的更新迭代也是非常重要的，为此需要做好发现、记录、总结这三项工作。

1.发现：发现直播过程中或者视频制作过程中存在的问题。

2.记录：记录每场直播、每段视频的内容要点，不断优化直播、视频内容。

3.总结：总结每场直播、每段视频的成功经验，举一反三，推陈出新。

困境：直播不是想做就能做好

随着时代的变化，新媒体在社会生活、商务经济、科技创新等领域发挥着越来越重要的作用。就汽车行业而言，经销商也需要这样低成本、高效率的信息交流媒介，帮助自己与更多的客户建立连接。某汽车经销商响应厂家的号召，准备开展店面直播活动，但是无论从直播的准备、直播的过程还是直播的效果来看，不仅缺乏经验，而且效果差强人意。

销售总监到集团的其他几个店面学习直播技巧，积累直播经验，经过一段时间的努力，店面直播工作终于走上了正轨。

魔杖思路与实施：解决好直播的三个课题

课题一：精心制作视频，设计直播内容，精准吸粉，持续涨粉。

（1）视频作品的制作、剪辑、发布，需要根据店内的情况，形成固定的流程，作品的准时性也将提升账号的活跃度。可以授权团队进行账号的维护，整体的流程可设计为：案头分析与研究→作品的制作与发布→数据的整合与评估。这个流程对线上直播同样适用。

（2）精准把握客户心理，结合时下流行元素，设计适合客户“胃口”的直播内容。店面可以在抖音、快手等直播平台上申请自己的账号，由店面主播向客户讲解车辆知识、驾车技巧、用车注意事项、店面服务特色、优惠措施、展销活动等内容，同时解答客户的疑问，与客户线上互动。直播过程中配以流行音乐，通过参与平台上的热门话题提升账号人气，偶尔穿插相关的电影、电视剧片段及搞笑的段子来增强趣味性，吸引客户的长时间关注。

（3）做好开播前的准备工作，确保直播顺利进行。开播前需要做好如下准备工作。

① 准备好直播器材与设备，布置直播间，确定直播时间；规划直播节奏，合理安排直播时间。

② 确定直播主题。直播主题通常与车辆相关，可以收集近期客户异议点、网络流行的车辆话题。

③ 预演直播过程。

④ 调试直播器材与设备，做好技术准备。

（4）主播专业能力的准备。主播的专业能力直接决定着直播效果。除了具备才艺外，主播还要具备较强的亲和力和沟通能力，此外对于产品要有非常深刻的了解。

① 准备好直播脚本。

② 整理仪容仪表，着装最好与当日直播话题吻合。

③ 放松心情，保持良好的心态。

（5）主播与粉丝进行高效率互动，与粉丝保持良好的沟通。在直播过程中，主播需要把握以下几点。

① 与粉丝保持互动，不要自顾自说。

② 话题切换不要过快，不要冷场。

③ 不要全程围绕推销进行直播，偶尔穿插一些笑话和幽默故事。

④ 不要攻击粉丝，直播中不要表现出负面情绪。

⑤ 合理规划直播时间，确保与粉丝有足够的沟通时间。

课题二：直播与店面营销活动对接，增加品牌汽车的曝光率，带动品牌汽车的销量。

（1）短视频内容与直播内容相结合，可以以店面重要活动为主题制作短视频内容和直播内容。

（2）直播内容可以和店面的定期活动如团购、车展等相结合，真正做到现场直播，将直播与营销很好地衔接在一起。

（3）关注市场形势和客户需求的变化，提取有效信息加以整合，明确直播内容和方向。店面初期直播的内容多半定位不准确，难以对客户产生较强的吸引力，客户的关注度不高，直播效果不明显。因此，需要根据店面的实际情况，结合市场形势及客户的需求与评价，总结和提取有效的信息，探索出客户热议的焦点话题，不断修正直播方向。

课题三：将线上客户转化为店面的现实客户，积累客户资源，为下一步客户来店购车做好铺垫。

（1）定期查看视频作品的留言评论区并认真回复，直播过程中为有购车意向的客户答疑解惑，开通一条畅通的沟通渠道，将有购车意向的客户信息按照固定的流程存档，作为店面的客户资源。

（2）直播过程中，与客户进行深层次的互动，开展现场促销活动，对于那些对本场直播支持较多的客户，给予适当的奖励，比如可以向客户赠送精品装饰礼包、购车优惠券等，考虑到平台机制问题，可在私下向客户发放礼包、优惠券等。这些都有利于促进客户下单、积累客户资源。

（3）直播能够满足客户的静态体验需求，但是不能满足客户的动态体验需求。在直播过程中，主播可以为客户讲解一些自己的试驾经历和感受，为客户到店购车做好铺垫。

目前，该经销商直播模式已经非常成熟，在全国汽车销售直播大赛中取得的成绩名列前茅，其直播历时12天，直播观看总人数高达30万，最高实时在线人数为1.4万，积累的粉丝数量25.9万，粉丝增长率较高。在整个直播期间，店面一共售出了156辆汽车。

第三篇

“未来魔杖”：“组织重塑+流程优化”是创建销售新格局的有效方法

魔杖应用案例1 重塑组织，打造强大战斗力团队

一项任务，一次战斗，是由不同部门、不同人员共同完成的。其中，就涉及不同部门、不同人员之间的沟通协调、相互配合，以做到统一步调、统一行动。如果配合不好，不但无法实现预定的目标，而且有可能导致重大的失败，带来重大的损失。在和平年代，损失的可能是时间、金钱、商机，而在战争中，损失的可能就是生命，就会付出血的代价！

案例故事：各部门携手并肩应战汽博会

2017年7月中旬，长春汽博会期间，某汽车经销商的早会和以往不太一样，参会的全体成员排成一列长长的队伍。站在最前面的是身穿车间工作服的技工师傅，他们今天可不是负责车辆维修和保养的，而是负责接送客户往返于展馆和店面之间的。展馆内声音嘈杂，闷热不堪，价格协商的过程非常难熬，销售顾问纷纷带着有购车意向的客户回到自己的店面，一方面是想确保没有其他经销商的干扰，另一方面是想换个好的环境，以方便成交。之后销售顾问还必须返回展厅，投入到客户接待、洽谈的工作中，因此售后需要每天派出3位技工师傅出席销售早会，参与当天的工作部署。品牌经销商的店面离展馆不是很近，每年汽博会期间，技工师傅们不辞辛苦，来回接送客户，争分夺秒地工作，促成了一次又一次的成交。烈日之下的停车场炎热异常，技工师傅们只能坐在路边的大树下吃盒饭。大雨倾盆的时候，他们冒雨为客户撑伞，身上常常被雨水淋湿。虽然他们的服务没有销售部门工作人员

的服务那样能体现专业，但是他们同样有着一颗热诚服务的真心。他们凭借着娴熟的驾驶技术，快速高效地接送每一位客户，从不拖延时间。

站在技工师傅们身后的是行政部的两位女孩，她们并不是负责接送客户的，而是负责往返于车库和店面之间提取预售车辆的。每年的这个时候，店面的汽车销量倍增，库管员们忙得不可开交，有了她们的帮助，提取车辆的工作从未耽搁过，这两位行政部女孩真的是功不可没。平时她们的工作是确保将员工的福利保障到位，今天她们则需要确保客户的爱车安全“到位”。

站在行政部两位女孩后面的是客服部的员工们，在展厅的客流量比平时多出数倍的情况下，接待客户的任务就落在他们身上了。有时他们还需要将有购车意向的客户推荐给销售顾问，及时提醒销售顾问对接客户也是他们的职责所在，不让客户感觉自己被冷落和怠慢是他们一贯的服务宗旨。

站在队伍最中间的是销售部和市场部的员工们，他们是这场“战役”的主角。他们的工作是极其忙碌和辛苦的，但他们并不孤独，因为店面其他部门的员工都将与他们并肩作战。他们对展馆的位置和环境已经了然于胸，销售话术也都背得滚瓜烂熟。他们在展会期间的努力将决定着店面下半年的汽车销售走势。销售总监和销售经理早已向他们布置过了总体的销售任务，每个人都对自己的工作目标及工作过程清晰明了。在展会期间，他们需要做的就是竭尽全力，勇往直前。

站在队伍最后面的是几张年轻的面孔，他们是刚到店面不久的销售助理。在经过两周系统的岗位培训后，他们已经和整个团队融为一体了，市场部的后勤保障工作由他们来负责，每一个人都将做诸多琐碎的工作，但他们的热情非常高。他们希望在这一次的工作中得到锻炼，也希望能获得成长。

总经理站在队伍前，看着大家整装待发的神情，心中感慨万千。他对着队伍大声说道：“看着你们整齐地站在这里，我似乎已经看到了此次销售战役的胜利。你们的团结让我倍感欣慰，我钦佩你们并肩携手迈出的这一步。无论何时我都会自豪地向他人提起你们，提起你们团结一致、努力拼搏的时刻。这不是我们第一次参加汽博会，当然也不会是我们最后一次参加汽博会。但是你们却时刻在告诉我，这一次是更好的一次，更成功的一次。辛苦了，各位，让我们一起喊出我们的口号。”随之而来的是响亮整齐的口号声：“必胜！必胜！必胜！”

大家的斗志就此被点燃，散会后，技工师傅们驾车载着市场部、销售部、客服部的人员有序地驶离车位，前往汽博会展馆，剩余的人们擦拭着展车，准备迎接新客户的到来。

案例情境解析

每年的汽车博览会，吸引着全国各地的汽车经销商们前来参展。博览会上的客户来自五湖四海，人数众多，仅仅依靠销售部是难以应对接踵而至的客户、顺利完成任务的，需要各部门人员抽出时间来支持销售工作。我们不妨借此机会盘点一下部门协作的工作部署过程。

1. 销售部：明确目标，周密策划

精心的准备、周密的策划，是销售部人员在展会上取得成功的先决条件，他们的核心目标就是在展会上快速地与客户签下订单。当然，他们也要有迎接挑战的勇气和处理突发情况的能力。

2. 市场部：运营管理

市场部人员主要负责展会期间的宣传、厂家沟通、现场管理等工作，与销售部人员一样，他们也需要具备随时处理各种突发情况的能力。

3. 其他部门：协调一致

售后部门派出车库里的技工师傅往返于展馆和店面之间帮忙接送客户，行政与客服部人员的工作是比较辛苦的，行政部的两位女孩拓展了工作范围，客服部人员加大了工作强度。大家各司其职，全力配合销售部、市场部人员开展工作。这种部门之间的高度协调性、融洽的工作氛围，与人员素质的培养是分不开的。

4. 总经理：精神领袖

总经理是团队的精神领袖，起着号召和引导的作用，所以总经理不仅要负责将所有部门串联成一个整体，同时也要负责做好各部门成员之间情感的沟通、公司文化的传递工作，这样才能让每个部门的每位员工保持着目标的高度一致性。

面对大型活动，不成熟的经销商的错误思路：

（1）各自为政，孤军奋战。

我们都听过一根筷子容易被折断，一捆筷子折不断的故事，道理是显而易见的。很多经销商店面的各个部门之间没有协作，各自为政，本部门不了解其他部门的工作计划与工作内容，甚至为了本部门的利益损害其他部门的利益，相互间推诿扯皮，产生内耗。这样不要说形成团队合力了，就连部门之间正常的工作配合也做不到。在这种情况下，销售部人员去参加大型的汽车展销活动，势必会孤军奋战，孤立无援，很可能会无功而返。

（2）群龙无首，一盘散沙。

参加大型汽车展销活动时，总经理不对各部门工作进行统筹安排，不放手让下属去干，工作就会走样。部门经理想凭借一己之力推动各部门开展合作，实在是勉为其难。总经理是团队的指挥者，是团队合作的第一责任人，肩负着领导团队成员实现核心目标的重任。团队工作的部署，团队工作方向的调整，都应由总经理来完成。有时候总经理还需要站在队伍中间，通过自身积极的工作状态，为大家加油鼓劲，给团队传递信心与希望。

成熟的经销商的思路：

（1）销售团队精心准备。

销售部员工是汽博会上的主角，他们在展会上的表现直接影响着客户对店面的评价，对客户是否来店选车、购车起着决定性的作用。为此销售部员工需要精心做好准备工作，关键是要做好店面资源的盘点工作。在汽博会期间能取得怎样的销售效果，是可以根据店面的现有资源来测算的，将测算结果比对目标，看看自己还需要哪些帮助。在盘点中，将总结出的诸多需求一一列举出来，形成可视化的图表和报告，上报总经理，最好附带一份参展计划，列明所需支持。

（2）市场部周密部署外围工作。

市场部人员应该了解展馆的基本情况，而且要与厂家和承办方紧密沟通，及时搜集各方面的信息，为后续工作的开展提供参考依据。在销售盘点过程中，市场部人员也担负部分的信息反馈工作。此外，市场部人员要把握时间节点，精确调控大家的作息时间，让大家在展会期间不至于工作太辛苦。

（3）其他部门协同配合销售部开展工作。

开始时，参展的店面工作人员就进入了最紧张的工作状态了，各部门人员都应该有这样的觉悟——组织的荣誉是通过每个人的努力争取来的，自己的工作重心应该适时地向销售部倾斜。当然，工作中并不只是以销售部为重心，任何部门遇到紧急事务或重大活动时，其他部门人员都有义务调整自己的工作，尽全力去支持。

（4）总经理“自转”效应。

这里所谓的“自转”，不仅是指总经理亲自参与团队的一些工作，还指总经理需要做好计划、组织、监督、控制、协调等纵览全局的工作。总经理应该以积极的态度听取销售部门的诉求，结合市场部门的信息反馈，考虑其他部门的工作情况，统筹人力资源，补足人力短板，拓宽工作路径，各部门紧密配合，步调一致，全力支持与协助销售部人员做好工作。要把自己视为参展团队的“发动机”，全力投入到团队的工作中去。

案例跟进

1.销售部设定任务计划

销售部门汇总汽车价格、汽车产品、人员、汽车销量、店面销售目标等方面的数据，并加以分析，制订销售计划，确定销售任务，记录任务缺口和人员缺口，制订可行方案，一并上报总经理批示。这些工作一定要在汽博会开始前一个月完成，一是给领导协调运作的时间，二是让其他部门有缓冲时间，部署本部门的工作，以便其他部门在为销售部提供帮助的同时不影响本部门的工作。上报销售计划时还应该附带去年和前年汽博会期间销售计划，以供总经理对比参考。

2.市场部的物料清单、试驾车清单

市场部在前期准备参加展会期间所需物料的清单包括：展架、桌椅、饮品、宣传资料、订单、纸、笔，等等。考虑得越细致，清单内容越详细，就越能减少突发情况的发生。

物料清单

序号	物品名称	数量	负责人	联系电话
1	纸巾	5包	李静	13333333333
2	展架	2个	王爽	13555555555
3	宣传资料	300份		
……	……	……	……	……

随后还可以加上试驾车程的导航地图的截图，另外，还要准备一份试驾车清单，在清单上列明试驾车型、乘坐人数，将清单和截图在公司的微信群中公布，以方便各部门人员之间相互联络，做好工作的衔接，同时也将清单和截图发送给内训经理，以便内训经理在为销售助理培训时使用。

试驾车清单

序号	车型	乘坐人数	负责人	联系电话
1	A4	5	张宇	13666666666
2	A6	5	孙鹏	13777777777
3	Q5	4	李华	13888888888
……	……	……	……	……

3.其他部门积极配合

需要调整本部门工作计划，做好人员安排，以便抽出更多的力量应对销售部的需求。

4.总经理领导大家开展工作

总经理，负责牵头布置工作，分配任务。展会期间，总经理扮演着团队精神领袖的角色。总经理首先要将大家的工作热情调动起来，大家有了热情，而且掌握了工作方法，工作起来自然就能事半功倍。在展会开始前总经理要召开公司会议，将销售部门的需求在会上公布，征求大家的意见和建议，同时对各部门的工作任务，进行协调和调整。展会结束后，在各部门完成已有任务的基础上，对各部门人员予以褒奖，进行物质和精神的双重奖励，增加团队成员的幸福感和责任感。

这是一个成功的案例，展会期间，各部门紧密合作，团结奋战。这种良好的工作氛围是员工共同营造出来的，良好的工作氛围使大家心中产生一种幸福感，而员工产生幸福感，就源于公司人性化的管理。人性化管理，并不一定局限于为员工提供良好的福利待遇，还要为员工提供点滴的、细微的关怀与帮助。这种关怀与帮助，可能是对于掉队者的帮助与等待，也可能是在员工生日时赠送给员工的祝福贺卡，还有可能是领导对平凡的一线员工的褒奖与鼓励。

成就他人，才能成就自我。团队成员之间相互帮助，大家共同成长，只有这样才能为公司创造出更大的价值。作为公司的一名员工，一定要打破自己的狭隘思维，不要这样想：这件事不在我的工作范围之内，与我无关。而要这样去想：这件事是我们整个团队的事情，如果对工作有利，那么我就要主动地去做，去把它做好。

我们每个人都应当这样激励自己：我想去做，我想让部门工作做得更好，我想帮助他们，我想提升自己。我们每个人也应当这样反问自己：我凭什么去做？我凭什么付出？我凭什么帮他们？我凭什么负责？总而言之，我们每个人都是团队中平凡的一员，但是团结奋战的精神却能让我们每个人迸发出更为强大的战斗力。

能力进阶小课堂

与领导沟通时要掌握以下要点：

1.具备主动沟通意识。领导往往比较繁忙，很难做到面面俱到，具备主动与领导沟通的意识十分重要。

2.建立沟通渠道。找到一种有效且简洁的沟通方式，比如利用工作日报等常规沟通工具与领导进行有效沟通。

3.拥有良好的沟通技能。尊重领导，但也不要丢失自我，让沟通成为有效的工作润滑剂，而不是误会的开端。

4.提供选择方案。尽量不要给领导出问答题，尽量出选择题，提供多种选择方案，让领导做决定。

5.定期汇报。及时将自己的工作进度向领导反映，这样一方面可以赢得领导的支持，同时也能够让领导及时了解自己的工作情况。

6.适时请求领导给予帮助和指导。工作中遇到的问题和困难，不要一味地“自我克服”，选择适当的时候请求领导的帮助和指导。领导的参与可使自己的工作事半功倍。

7.服从领导安排。对领导的安排要服从，凡事要以大局为重，克服利己主义。

魔杖应用案例 2　借助组织优势，突破客户心理防线

知己知彼，方能百战不殆，客户的信息收集得越全面，客户画像勾勒得越清晰，销售工作就越可能事半功倍。客户对我们的认知和评价通常是最为真实的，而研究客户也是我们日常工作中必不可少的一项工作。主动接触客户，不断地去了解客户，去分析客户的特点、需求，是每个人、每个团队都应具备的优秀的工作品质。只有对客户有了精准、透彻的了解，才能在接下来的销售工作中扬长避短，有的放矢。

案例故事：利用数据与工具，勾勒清晰客户画像

接待完客户，姜妍回到前台。她一边调试录音笔，一边整理客户接待记录表，将表中没有复写清楚的几处认真地描着。站在一旁的前台接待陈晓彤气不过地说："真不明白，公司要监督，也该选一些业绩不佳的销售顾问呀，今天早会销售经理点名的几位可都是销售数量稳定、服务态度好的销售顾问呀。不仅多加了问题项，还要录制录音，不知道是怎么考虑的。"姜妍笑着解释说："这应该不是咱们销售经理要求的，而是市场经理要求这么做的。我们××4S店是全市所有4S店中最好的一家品牌店面，所以针对刚刚上市的车型，一定要举办一场别开生面的市场活动。为了不草草了事，市场经理赵总也算是煞费苦心了。"

两人谈话之际，另一个销售顾问王振接待完客户回到前台。他一边整理客户接待记录表，一边对姜妍和陈晓彤两人说："你们猜怎么着？我是碰见

专家了。我刚才接待的客户是一位资深摄影爱好者，我看了他的作品，真是不错，我趁机向他学了两招。”“你还真别说，我的客户也是个像你一样的摄影爱好者，只不过可能没你那么专业。可能是现在的都市生活太紧张了，我这边接待的客户基本上都是喜欢户外活动的，钓鱼的、摄影的非常多。”姜妍深有感触地说。

王振接过姜妍的话茬说：“是呀，大家多半是都市白领，工作压力都比较大，业余时间分配倒也挺合理，钓钓鱼，拍拍美景，陪陪家人。”说到家人，王振好像突然想到了什么，他拍了下自己的脑门，说道：“我刚才忘了问刘先生关于这方面的问题了，家庭成员这项还空着呢。我得去打个电话问一下，不然赵总会骂人的。”两人的说笑声引起了销售经理的注意，他严肃地对姜妍和王振说：“填写完后你们就快点回到自己的岗位，别在前台说笑。”姜妍吐吐舌头，连忙回到了自己的办公岗位上。

两周后的星期日，新款车型的预售活动如期举办。到场的客户很多，而且多半是举家而来，看来“绘制童心”这个活动主题还是很吸引人的，大部分客户都带着自己的孩子来到了活动现场，气氛非常热烈。客户也感觉相比于砸金蛋、唱歌、跳舞之类的活动，今天的活动内容确实别开生面。最值得称道的就是两辆新款车型摆放在会场中间，小朋友们用五颜六色的彩笔在车身上涂抹着，家长们也参与其中，童心未泯的家长们也画得非常认真，在车身上涂抹着五彩斑斓的颜色，大家都很投入，笑声不断，气氛非常和谐。

“绘制童心”活动结束后，一位专业摄影师向大家讲解自己的摄影技巧，客户们对他的讲解非常感兴趣，销售顾问王振也听得津津有味。摄影师讲解完后，很多爱好摄影的客户都围在摄影师身边，和他一起探讨自己在业余摄影中遇到的问题。之后，来到现场的每组家庭都拍摄了一张家庭成员与五颜六色的新款车型的合影，每个人脸上都洋溢着灿烂的笑容。

工作人员受店面领导的嘱托，将餐点分成更小的形状，以便小朋友们食用。整场活动虽然只是为客户提供预购体验，但是订单的数量却创了新高。新款SUV车型的宽大车身满足了三口之家的出行需求。到场的客户都产生了一种莫名的幸福感，而这份幸福感和SUV这款新车型息息相关。最后的抽奖环节更是精彩，奖品是一些儿童玩具、相机支架、垂钓用品等客户需要的物品。每位抽到奖品的客户的欣喜之情溢于言表，不仅仅是因为他们抽到了精美的奖品，预订了自己的新车，更是因为此刻能与家人一起分享快乐，能在紧张的都市生活中享受一段难得的放松时光。

案例情境解析

1.缺乏对客户的研究，市场活动千篇一律

目前很多汽车经销商对客户都缺少研究，没有绘制出精准的客户画像，集客活动也是千篇一律。他们所举办的市场活动就是砸金蛋、抽奖、劲歌热舞等，对客户没什么吸引力，导致活动现场的氛围不佳，无法通过活动使客户产生购买意愿。究其原因，就是在活动设计环节，经销商闭门造车，没有从客户的角度思考，而且他们头脑中还有着急功近利的思想，只想着销售、卖车。而案例中的经销商的做法与其他经销商的做法恰好相反，该经销商在活动开展前搜集了大量的客户信息，并对客户信息进行了仔细分析，绘制出了精准的客户画像，从而帮助店面成功举办了市场活动，并取得了喜人的成绩。

2.从上到下不重视研究客户，不关注客户信息

很多经销商对客户不做深层的了解，从底层销售顾问到管理人员，对客户的特性、需求都一无所知，原因就在于他们不重视研究客户、不关注客户信息。俗话说：“知己知彼，百战不殆。”谈判桌的对面坐着的就是客户，如果对客户的信息一无所知，那么谈判的基础也就荡然无存。

因为不重视，所以也就缺少客户的真实有效信息。实际上，获取客户信息，当然要由执行层来完成，现在大部分店面的销售顾问都只是在机械地完成着谈判流程，机械地完成每个问题的发问，而不去考虑客户给出的信息是否真实，没有对客户进行深层次的挖掘。更多的销售顾问是在根本没有了解客户、接触客户的情况下，就草草进入到谈判环节，只与客户商讨价格，寄希望于快速成交，但由于没有之前的沟通工作做铺垫，他们在与客户议价环节中往往会处于被动地位，这也是销售顾问抱怨客户不好打交道、买卖很难成交的原因之一。销售顾问如此开展工作，也使得市场部人员无法收集到有用的客户信息，无法绘制出精准的客户画像，进而难以进行有效的集客活动，造成恶性循环。

经销商通常出现的错误思路：

业绩的压力，市场的竞争，使得很多汽车经销商更加注重短期效益。他们在了解客户时，往往只是关注客户的购买力、选车标准等与购买相关的信息，其目的就是向客户推荐适合的汽车产品。这种思路是对的，但也只适用于战术层面，他们急功近利的沟通方式和集客活动，给客户的感觉不好，一方面客户觉得活动内容单调乏味，不是自己喜欢的；另一方面客户又觉得经销商就是盯着自己兜里的钱，对自己并不是真正关心。这种感觉的产生，毫无疑问是经销商带给客户的。

正确的思路：

（1）管理者要拓宽思路。

管理者应开阔自己的视野，不要总是紧盯着能否成交，能否把客户“拿下”，而是要考虑如何让客户喜欢我们的店，愿意来我们的店，甚至“路过我们店时，不为别的，就愿意进来坐坐”。如果能让客户有了这样的感觉，那么，相信你的生意一定差不了。

（2）要了解客户，首先就要搜集客户信息。

有的经销商找不到头绪，不知如何下手。其实，可以先从公司底层入手，让销售顾问去搜集一些最基本的客户信息，毕竟他们是与客户接触的第一人。销售顾问们亲和力较强，执行力也非常不错，最重要的是他们每天都会与客户“亲密接触”，通过他们来搜集客户信息是再合适不过的了。搜集客户信息的面不能太广，搜集的客户信息也不能太杂，要有针对性，以确保客户信息的真实性和有效性。

（3）分析客户信息，绘制客户画像。

有了客户信息，接下来就要对客户信息进行整理、汇总、分析，绘制客户画像，为制订市场活动方案提供依据。在案例中，我们看到有很多别开生面的活动项目——车辆涂鸦，摄影师现场授课，拍照留念等，这些项目都不是凭空想象出来的，而是对客户信息进行汇总、分析，找出客户们的共同特点设计出来的。正是市场部赵总对活动进行了准确的定位，合理安排了活动内容，才使现场的活动产生了意想不到的效果。为客户带去幸福感和满足感，要比为客户提供更低廉的价格更有意义。

案例跟进

1.搜集客户信息

在新车上市时，厂家都会向经销商赠送该车的相关介绍资料，在资料的“市场”篇中，都会载有该车型客户的相关信息，其中包含客户的年龄、职业、家庭背景等，这些信息可以作为初期的参考。案例中，销售顾问被要求在接待客户的过程中了解客户信息，就是赵总从材料的“市场”篇中的客户介绍中提炼出来的。至于录音，也并不完全是为了监督销售顾问的客户接待工作，而是要对每个销售顾问的客户接待工作进行综合对比，因为记录表中记录的只是销售顾问接待客户过程中的一些要点，而录音反映出来的是销售顾问接待客户的完整过程。还有就是将店面的现有客户的信息汇总起来进行研究，尽可能找出其中一些具有规律性的东西，比如“该车型本地客户最主要的三个业余爱好”，将这些信息总结出来后，不仅可以维护好老客户，还可以在集客活动中加以运用。

2.依据客户信息构建客户画像，制订营销活动方案

经销商可从众多客户的信息中提炼出具有共性的信息，再从这些信息中找出客户的兴趣爱好、消费需求等，然后根据客户的兴趣爱好、消费水平来设计市场的活动方案，通过满足客户的需求来激发客户的购买欲望，拉升产品的销量。案例中的营销活动方案就是按照这一思路设计的，案例中的客户有孩子的偏多，而且孩子年龄普遍都不大，车主对于家庭都颇为重视，而新款SUV的空间灵活性、宽敞程度也恰如其分地满足了客户全家出行的愿望，父母的幸福多半来自孩子的成长，而忙碌的工作使他们很少有时间陪伴孩子，所以车辆涂鸦活动才会深受父母和孩子们的欢迎，售车和亲子活动完美地融合在一起，是这次活动的成功之处。另外，奖品的选择也很值得借鉴：摄影爱好者的相机支架、垂钓者的钓鱼用品、小孩子的玩具……，每一件奖品其实都源于精准的客户画像，源于对信息的正确处理。

客户的特征既有相近之处，也有不同之处。这种不同可以让我们针对不同的客户采取不同的服务方式，单独满足客户对某方面的需求。案例中，工作人员为了方便小孩子食用，把餐点切成更小的形状，这就是在大人和孩子的用餐习惯中找到的不同。

富有特色的个性化服务，不仅可以应用在市场活动环节，还可以运用在销售环节，如交付车辆时，为喜欢鲜花的客户送上花束，为不方便或没时间出行的客户提供上门试驾服务，等等。这是一个拼细节的时代，我们点滴的用心服务，客户都是能够感受到的。

3.优化、分享客户信息

市场部人员要经常对客户信息进行归纳、总结，并定期与销售部人员共同探讨、研究客户信息，剔除其中无用的信息，保留那些有价值的信息。市场部可以将经过优化的客户信息上传至公司的公用电脑文件夹中，方便大家翻阅和查找，同时不断地进行补充与完善。

客户群体有着明显的差异，但是又有着惊人的相似之处。就汽车行业而言，我们通常是根据车型划分我们的客户群体的，但是不管怎么说，通过了解客户的工作情况、行为特点等精准地描绘出客户画像，对于我们的工作很有帮助。案例中的市场活动能够成功，主要得益于市场经理对客户画像的描绘，客户画像描绘的过程，就是我们用心了解客户的过程。

能力进阶小课堂

1.客户信息搜集得越多，越有利于我们了解客户的特点，描绘客户画像。因此，可发动售后服务顾问、车间维修技师、保险理赔专员等人员一起搜集客户信息，描绘客户画像。

2.对于客户的业余爱好，每个销售顾问都应有所了解与研究。在日常工作之余，要养成搜集客户信息的习惯，将客户的业余爱好变成自己的业余爱好。

3.经销商从上到下持续关注，管理者监督到位，执行层执行到位，是客户画像描绘工作顺利开展的基础。

魔杖应用案例 3　越是熟悉的客户，越需要格外用心维护

营销学家认为，开发一位新客户的成本相当于维护一位老客户成本的2到6倍。换句话说，公司在一位新客户身上投入的成本足够维护2到6位老客户。由此可见，比起开发新客户，加强与老客户之间的合作关系意义更加重大。经销商要想获得长久的发展，就要努力维护好每一位客户，做好每一位客户的服务工作，把他们培养成自己忠实的客户，为自己带来源源不断的利润。

案例故事：老客户是店面的载舟之水、生存之源

毕总轻轻推开会议室的门，屋子里还在议论的几个员工立马停止了小声谈话，纷纷挺直了身子，翻开了面前的笔记本，那样子像极了初中生见到了班主任。在座的几位其实对于会议内容都心里有数，所以动作更是谨小慎微，连拔开笔帽都争取不发出声响。每个人的目光都投在面前的本子上，不敢和这位脾气火爆的总经理有丝毫的目光对视。毕总习惯性地环顾了一下，然后问道：“人到齐了吧？”“到齐了，毕总。”旁边的销售总监沈总连忙毕恭毕敬地小声应答。毕总喝了口茶水，随即说道：“人齐了，那我们就开始吧。非常抱歉占用大家下班的时间开这个会议，会议的重要性我就不多说了。从销售总监开始，依次说一下你们各位收集的问题反馈吧。”

这已经是本周毕总召开的第四次管理层工作汇报会了，自从两个月前同城的另一家经销商的店面开业以来，毕总这边大大小小的会议就没停过。原来毕总的店面是该品牌在本市唯一的经销商，店面经营情况一直非常理想，

业绩不断攀升，利润不断增长。但是随着另一家店面的开业，毕总店面的汽车销量开始下降，店面利润出现了滑坡。对于这突如其来的变化，一向处变不惊的毕总也坐不住了。之前的日子过得太顺了，许多店面管理方面的细节，他没有仔细过问。可不看不知道，一看吓一跳，各部门接连上报的经营信息让毕总非常生气，店面的新车销量下滑了四成，售后客户流失了三成，新增意向客户数量相比三个月之前下降了三成。这种情况虽然可以解释为另一家新店分流造成的结果，但老客户的汽车增购率、换购率和客户转介绍率极低，这就明显是自家店面的管理出了问题。

销售总监反馈的情况是，那家新店促销活动更给力，每辆车优惠后的价格比自家店里低一千，无论店里优惠多少，他们都低一千。价格战在宣传上非常吸引眼球，新增客户随之减少。而另一个问题也不容忽视：即便在这样的情况下，每月销售的车辆近90%都来自新客户的转化。

售后总监反馈的情况和销售总监差不多。新店面的汽车保养、维修、续保等业务的价格优惠力度更大，保养和维修礼包层出不穷，搭售的优惠礼券直接锁定了客户，就连本店的老客户也在慢慢向新店转移。毕总听后皱眉不语。其实他这几天也亲自做了一些调查，这个经营多年的老店，售后服务工作做得很不到位，服务人员在客户心中毫无信任可言，排队维修汽车的过程对客户来说简直是种煎熬，为了下次再来店给自己的车做维修、保养，客户还得委屈着自己在销售顾问回访时回答“极为满意”。但由于之前本市没有第二家经销商，因此经营利润没有受到太大影响。

市场总监反馈的情况是，新店开展市场活动的频率比该店更高，最近两个月，他们店每周都有集客活动。而从暗访时所拍摄的对方活动照片来看，活动场面热烈，到店客户数量很多，而且现场井然有序。对于新店来说，快速高效地争夺客户资源的做法非常有效。

客服总监反馈的情况是，客户对店面的销售人员和售后人员的服务态度不满意，销售人员对客户的态度有些傲慢。接待客户漫不经心，可以说就是这些销售顾问的工作常态。售后服务人员也是如此，为了提高自己部门的业绩，他们夸大客户车辆的问题，而这种做法使得客户对店面的汽车产品和服务逐渐丧失信心。有几段回访录音显示，客户明显把店内客服电话当作厂家的投诉电话了，其激烈的言辞中透着不满和无奈。

毕总听完四位总监的汇报，清了清嗓子，说道：“各位，四个部门四个维度，全面地揭示了我们目前所面临的问题。我认为店面的生存高于一切，客户就是我们的衣食父母，店面要想生存，我们就得为客户提供让他们最为满意的产品和服务。从明天开始，加强老客户的维护工作，先提高客户满意度，稳定现有客户基盘。每一位部门总监给我出一篇整改方案，明晚我们继续讨论。散会！”

说罢，毕总起身离开，走廊里传来他沉重的脚步声，伴随着晚上九点的钟表报时声音，渐渐远去。

案例情境解析

1.从客户的角度看

越来越多的客户在选购汽车时趋于理性，除了品牌、车型、价格等因素外，客户还会考虑店面的经营情况、售后服务的服务质量以及店面的整体口碑。换位思考一下，我们去理发店理发时，会选一家离自己住处比较近，理发师服务态度和手艺都比较好，价格适中的店，而且时间长了，对店面熟悉了，理发店还会给予老客户折上折的优待，那么我们就会持续选择这家店。同理，客户在购车时也希望有一家店面能为他们提供这种稳定优质的服务。

2.从销售顾问和服务顾问的角度看

无论是销售顾问还是服务顾问，同城唯一一家经销某品牌汽车的店面的现状，是他们所乐于看到的。销售顾问，为了提高销量而做“一锤子买卖”，不用心积累客户资源，一旦市场形势发生变化，客户流失，汽车销量就会很受影响，全面滑坡。对于服务人员来说也是如此，由于同城只有一家这样的店面，没有竞争就没有什么工作压力。在为客户服务时，他们既不争分夺秒，也不无微不至，更不细心热情，甚至会对客户爱搭不理。久而久之，店面的口碑受影响，客户对店面的负面评价会在客户圈中逐渐传播，客源越来越少。

3.从总经理的角度看

欲求零成本、高回报。虽然很多店面的总经理都知道客户维护工作重要，但是却没有发自内心真正重视起来，有些店面的总经理甚至希望不付出任何成本就将客户维护工作做到位，这是不切实际的。做好客户维护工作是需要投入一定的人力、物力、财力的。总经理作为团队的领头人，自己一定要先对此项工作足够重视，并积极参与到客户维护工作的各个环节中。只有这样，才能有效调动各部门人员的积极性，大家互相配合，把客户维护工作做扎实、做到位。

4.从销售总监和服务总监角度看

措施面临悬空，方案止于流程。销售总监和售后总监前期的工作往往只是简单地制订销售、服务工作的流程，除此之外没有具体的方案与措施，一纸文件下发，一段讲话完毕，就意味着自己已经将工作任务布置好了，中心思想完全没有传递给员工，接收不到信息的销售顾问、服务顾问，根本就不知道维护老客户的重要性，更不知道应该如何去研究、了解老客户的变化与需求。客户维护措施无从谈起，客户维护方案也只是一堆流程。

5.从市场总监的角度看

缺少营销氛围和营销手段。市场部在展厅布置、现场宣传方面没有起到应有的作用，无论是展区宣传物品的摆放，还是客户休息区的布置，客户微信群的发文，都没有营造出应有的氛围，很多客户不了解店面的营销政策，更不要说与销售顾问谈生意了。

6.从客服总监的角度看

客服总监未能及时向销售部、服务部反馈客户的问题。也许他只是不想给销售总监和服务总监泼冷水，但是这样做只会让情况变得更加糟糕。客户出现负面反馈的时候，就意味着我们工作的某个环节出现了问题。客户要的是稳定优质的店面服务，如果他们对店面提供的服务感到不满意，他们就会做出新的决定，向别的店面寻求更好的服务。作为信息反馈的枢纽——客服部门，信息闭塞也许是此次事件的最根本原因。

经销商通常会出现的错误思路：

（1）坐以待毙，互相推诿。

店面遇到问题时，最忌讳的就是各部门之间互相推诿，急于撇清关系，这无异于坐以待毙。出现问题并不可怕，责任心的缺失才是最可怕的。只考虑部门利益或个人面子，不肯自我批评，不敢承担责任，不仅本部门的工作难以做好，其他部门的工作也会受到影响。店面的成功运营需要各个部门的紧密配合、并肩作战。

（2）急于求成，价格大战。

价格战简单、有效，只要敢于给自己“放血”，就能提高产品销量，赚到一些利润。价格战在短期内确实可以改变店面经营不景气的局面，促进团队士气的上升和店面营业利润的上升。但频繁的价格战，就会危及店面的长久经营，会让客户和销售顾问过于关注价格，客户“无优惠，不到店”，销售顾问“无优惠，不卖车”，真的出现这一局面，再想扭转，就非常困难了。

正确的思路：

从售前售后、市场宣传、客户反馈这三个方面布置工作。

（1）售前售后：加强管理才是硬道理。

在商业领域，人们常常会提到“客户的生命周期”这个概念。简单来说，客户的生命周期指的就是客户买车、用车、修车、换车的过程。客户维护工作的目的就是让客户在我们的店买车、用车、修车、换车，让我们的工作嵌入到客户的汽车生活中去，成为客户心目中唯一的服务标准。这样，加强售前和售后工作管理就显得尤为重要，要制订明确的售前、售后工作标准，并严格执行，对销售顾问和服务顾问的工作进行评估和考核，奖优罚劣，奖罚分明，在此基础之上不断地改进工作标准，提高服务质量。

（2）市场宣传：客户的推广才是最快的推广。

有客户帮忙推广店面的产品自然是件大好事。但是要想让客户帮助我们推广店面的产品，首先要让客户对我们的产品和服务感到非常满意，由此可见，为客户提供良好的购车体验、服务体验是极其重要的。同时，经销商也可以利用微信、微博等社交媒介吸引更多的新老客户参与到店面产品的宣传推广当中，以催化成交过程，提高店面的收入。

（3）客户反馈：铁面无私，及时反馈客户信息。

客服部门人员要及时将自己采集到的客户信息反馈给销售部、市场部、服务部的工作人员，帮助他们找出自己工作中存在的问题，并确定下一步的工作方案和工作方向。客服部门人员要确保自己所反馈的信息的真实性，对于第一手的信息要和总监亲自确认。总而言之，客服部就像汽车的仪表盘，车辆的安全前进，少不了它。

案例跟进

1.售前售后

（1）管理者以身作则，维护客户从自己做起，在公司内营造一种重视老客户、善待新客户的良好工作氛围。

（2）店内培训师在培训的过程中加入老客户维护演练环节，传授客户维护技巧。

（3）晨夕会期间介绍优秀员工的成功案例，肯定一线工作人员的工作成绩，提升一线工作人员的荣誉感和使命感，帮助大家摆正职业态度，树立正确的职业观。

（4）根据客服部门反馈的客户信息，制订客户满意度标准，督促一线工作人员努力提高客户满意度。

（5）制订奖惩制度，监控一线工作人员的客户维护情况。此项工作不能流于形式，要加强对一线工作人员工作的考核，奖优罚劣，甚至可以建立专门的审核组，评选优秀案例，在团队中予以推广。

2.市场部

（1）事先制订好活动方案，明确活动流程。活动过程中推出各种形式的互动节目，增强客户的参与感，制造出热烈的现场气氛。同时，为客户提供精美餐点，为客户带来愉悦的购车体验。另外，推出老客户车辆保养套餐、售后服务团购会等，也是维护老客户、提高老客户认同感和满意度的有效方式。

（2）根据店面的情况，利用客户微信群、朋友圈、微信小程序，开展优惠券领取活动，促使客户为店面做宣传推广。为了鼓励更多的客户为店面做宣传推广，不妨采取一些激励措施，比如，只要客户宣传推广的信息在朋友圈点赞数达到了一定的数量，就可以直接用优惠券抵扣金额，等等。

（3）根据店面的位置合理摆放宣传物品，渲染活动气氛，以吸引客户的注意力。

3.客服部

（1）掌握客户回访话术。现在的客服回访电话有惊人的相似性，让客户一听就知道客服人员又是在做调研；而对于客户表达的不满，客服人员却置之不理，只是按照预先设定的问题继续向客户提问。因此，要对客服人员进行客户回访话术的培训。比如，要求客服人员以征求意见的口气询问客户对店面提供的服务什么地方满意、什么地方不满意，并且在提问过程中，穿插认同、肯定的话语，以免自己的询问成为一种“审讯”式的提问，让客户感到厌烦。

（2）介入服务过程。在完成服务的同时对客户进行面访，现场解决客户遇到的问题，要本着“客户可以带来不愉快，但是必须带着快乐走”的服务宗旨为客户提供贴心的服务。

持续关注老客户，维护老客户，不仅可以稳定店面的客户数量，同时还可以为店面带来巨大的经济利益。随着时代的发展，老客户的需求也在不断变化，持续关注老客户的需求，满足老客户的需求，是经销商的店面持续经营、长久发展的重要前提。

毕总的团队，经过两个月的努力，终于迎来了转机，对手发动的价格战停止了，汽车的市场价格逐渐回归正常。而他们经过这两个月的工作整顿，把老客户有效地吸引了回来。从最近的销售数据上看，汽车销售量、店面集客量、老客户转介绍新客户的数量、售后回店客户的数量，都在不断提升。

能力进阶小课堂

1.优秀的销售顾问、服务顾问，在开发、接待新客户的同时，还应花费大量的时间和精力去研究老客户，做好与老客户的沟通工作。

2.销售顾问和服务顾问要清晰地记住每位客户的特征，如客户的年龄、职业、家庭情况、爱好、用车习惯，等等。每天对客户朋友圈中发的内容点赞、评论一下，保证自己经常“出现”在老客户面前。

3.管理者应使对老客户的维护工作形成一种机制和文化，带动全员重视老客户，研究老客户，挖掘老客户的需求，并想方设法去满足老客户的需求。

魔杖应用案例 4 精细化流程管控是制胜法宝

“细节决定成败”可谓老生常谈，其中的道理人人都懂，可是在工作中，又有几个人能真正地关注细节，把细节工作做到位呢？细节有多重要？答案是无比重要。在战场上，细节决定着士兵生死；而在工作中，细节决定着我们工作的成败。细节可能为我们带来巨大的收益，也可能为我们带来巨大的损失。

案例故事：一张废纸反映出来的工作漏洞

雨后的清晨，空气格外清新，于庆兴高采烈地来到了公司。平日里，他所在的××4S店的销售工作紧张，且压力大，于庆经常是满面愁容。可今天他却有着不错的心情，他一边欣赏晨光下的街景，一边唱着时下最流行的歌曲，进公司大门时，他随手摸出一张废纸，看都没看一眼，就将它扔到了垃圾桶里。

路过总监办公室时于庆特意向曲总监问了声好，曲总监可算是他的“救星”了。连日来，进入店面的客户稀少，极高的销售任务，令每位销售顾问都忧心忡忡，大家都怕业绩太难看了。昨天临近下班时分到店的一位客户是总经理的熟人，当时正值于庆值班，近水楼台先得月，于庆赶忙接待了这位客户。不问不知道，一问吓一跳，客户是一位私企老板，此次来店要购买三辆汽车，在总经理的安排之下，价格已经商定，曲总监也礼貌地见了客户，剩下的服务工作就由于庆来做了。

曲总监对于这位客户非常重视。早会刚一结束，他就赶紧叫来了于庆："于庆，昨天那位认识咱们赵总经理的高先生，你抓紧联系一下，这可是一位大客户，他不是说今天用他公司的账户打购车预付款吗？你要确认好，千万别出什么差错。"于庆轻松地说："曲总监，您就放心吧，高先生对我的服务非常满意，还因为耽误我下班，连连向我致歉，我都不好意思了。我这就去联系一下。"说着，他下意识地用手拍了拍自己的衬衣口袋。瞬间，于庆脸上的笑容消失了，接着，他开始在自己衣服上的所有的口袋中乱翻一气。曲总监看着他这副模样，很纳闷："找什么呢？"于庆顾不上向曲总监解释，抬腿就向外跑，奔向早上他扔进废纸的那个垃圾桶。无奈的是，勤快的保洁阿姨一大早就把垃圾桶里面的垃圾清理掉了。望着空垃圾桶，于庆再也高兴不起来了。

回到公司，于庆又奔向前台，翻找昨天的客户接待信息登记单的副联，这是他最后的希望了。于庆看着副联上因为自己笔力轻柔没能印出的电话号码，真想给自己一记响亮的耳光。他一直有一个习惯，就是喜欢先把客户的电话号码写在一张纸条上，等有空时再将客户的电话号码录入到电脑中。而这张纸条，有时可能是报纸的边角，有时可能是宣传彩页的一角，有时可能是使用过的A4纸的一块。今天早上他扔进垃圾桶里的废纸上写有客户高先生的联系电话。这下好了，唯一的电话号码不见了，接待表副联上的电话也难以辨认，他与客户"失联"了。

曲总监知道真相后，气得直跺脚，抬手指了指于庆，却硬是说不出话来。他来回踱着步，还在想着办法："你加高先生的微信了吗？""高先生和我说了，他的电话号码就是他的微信号，可是我还没来得及加，就……"于庆怯懦地说。"好哇！于庆，你就是这么工作的吗？"曲总监气愤地说道。

这时，于庆的手机响了，于庆马上拿出手机接听，只听总经理催促道："昨天我的那个朋友和我说安排今天打购车预付款的事情，你赶紧联系他一下……"于庆一听，只好先硬着头皮赶紧答应："好的，高总，马上联系。"

等于庆说完，曲总监扔下一句：“你和你的销售经理一会儿来我办公室一下。”说完，他气呼呼地走了。

案例情境解析

1.信息录入不及时

经过一天的工作，人难免疲劳，下班后于庆还能坚持值班，这一点还是值得肯定的。但他的习惯不好，喜欢随手在纸条上记录客户的电话号码，在紧急情况下，这样做是情有可原的，但无论因为什么样的原因，销售顾问都应该以数据的管理和维护结束一天的工作。于庆应该及时将纸条上的客户信息录入到公司的客户管理系统中。系统可以帮助销售顾问分级别管理客户信息，并及时提醒客户追踪，是销售顾问的工作好帮手。不及时录入客户信息，后续的客户跟踪工作就难以进行，也就不能保证对客户进行有效的管理。

2.细节管理不到位

小中见大，见微知著。细节管理不到位，才是造成这次意外真正的原因。前台的客户接待信息登记单为什么没有人在第一时间去核查？客户管理系统中录入的客户信息为什么没有人检查？客户电话号码的准确性是否有人去抽查？恐怕都没有。正是这么多的漏洞，共同导致了这次意外。

销售顾问错误思路：

这种情况出现的原因，从根本上来说就是不够重视。不够重视的情况下，应对思路就是马马虎虎。回到现实工作中，我们可以看到，其实销售工作，就是每天穿梭在成功与失败的过程中的，时间久了，被客户拒绝的次数多了，销售顾问的激情也就被磨没了。很多销售顾问都希望来的客户已经看好车了，进门就问是否有现货、价格多少，合适的话就交款。而如果客户还在海选、比较、犹豫，那么他们是懒得去下功夫接待和追踪的，他们认为客户出门后，就和自己形同路人了，也不认为自己能够影响客户的最终选择。

因此，从心底里，销售顾问就觉得这个事情不重要。而我们的客户，其实是能够感受到这种想法的，客户会认为销售顾问并不是在真诚地沟通、服务，而只是催着自己交钱，甚至为此，销售顾问不惜采取一些“忽悠”的手段。你怎样对别人，别人就会怎样对你。这种状态下，客户视销售顾问为“路人”，那也是再自然不过的事情了。文中的客户就是如此，虽然和于庆沟通过了，但在联系打款时，还是不愿意直接联系他这个“路人”。

在一家公司中，客户信息的收集、登记、录入、管理工作，不是哪一个人的事，而是所有人的事。上至总经理，下至销售顾问，都应该重视客户信息，视客户信息为公司的生命线。如果客户信息管理工作出现问题，首先需要查出问题是谁造成的，出在哪个环节，以明确责任，查漏补缺。如果是执行层的态度问题，那么管理者需要在日常工作中重视起来，天天讲、月月讲、年年讲，而且要制订奖惩制度。如果是工作人员的能力问题，那么就需要通过分析，找到他们的弱项，并对他们进行培训，以确保工作人员的能力能够完成管理者所交给他们的任务。还有一种可能就是管理者的问题。很多经销商的管理者，也都是一线销售人员出身，职位提升之后，对于自身角色的改变还没有完全适应，有人把自己当成了一个“大号销售顾问”，仍然在卖车；有人把自己当成一个“大号销售助理”，为大家处理杂七杂八的事情；还有人不知道应该管些什么，只是在看到最终数据不好的时候骂骂人而已。所有这些，显然都不是管理者应该做的工作。

在市场竞争渐趋激烈的当下，细化销售流程，不放过每个客户销售线索，实施精细化管理，其重要性是无须多言的。每个管理者都有必要扪心自问：我在工作中是否关注每个细节？是否把每个细节都处理得很到位？是否把自己关注细节的工作风格传递给团队成员了？是否对细节工作做得很到位的下属及时给予了表扬与肯定，而对粗心大意的下属的行为及时进行了纠正？是否在整个团队中营造了一种“关注细节”的工作氛围？关注细节是一个人、一个团队认真对待细枝末节的工作，处理细微工作时态度认真，是销售顾问在登记客户信息时，能够一笔一画，认真记录，是客户离店之后销售顾问及时给客户发信息致谢，是前台在每批客户离店之后，都第一时间核对客户信息……

案例跟进

1.留档客户信息

为确保客户信息能够留档，应实现流程的标准化动作——三次索要客户联系方式。销售顾问在接待客户的过程中，留存客户信息不都是非常顺利的，有些客户初次进店，戒备心理使得他们与顾问之间有距离感，因此第一次索要联系方式很可能无功而返。但客户此时不给你，不代表之后也不会给你，他们的这种状态，会随着销售顾问友善而专业的接待过程而改变。因此这里建议大家进行三次索取，意思就是无论接待时长是多久，销售顾问都要在接待客户的前期、中期、后期进行询问。

第一次：在向客户做自我介绍时，顺便向对方提及客户信息登记的问题，通常性格外向、戒备心理不强的客户，此时有可能凭借自己对销售顾问良好的第一印象，将自己的联系方式留下来。而未给我们联系方式的客户，可能性格敏感一些，戒备心理更强一些，这也正好可以让我们分辨一下客户的性格类型。这时未能得到客户的联系方式，不必纠缠对方，继续我们的服务工作就好，继续努力拉近自己与客户之间的关系。

第二次：为客户介绍车辆时，带领客户试驾汽车时，为客户提供购车方案时，都可以向客户要联系方式。此时，双方已经比较熟悉了，客户的戒备心理不那么强，比较容易获取其联系方式。销售顾问要尽可能地在中期或中期以前获取客户信息。

第三次：客户准备离开，整个客户接待过程行将结束，此时索要客户的联系方式，通常要以未来某天店面将做优惠活动为理由。但是，也有的客户考虑到信息安全等而拒绝留下自己的联系方式，销售顾问可以对信息安全和回访时间主动加以说明，以消除客户在这个方面的顾虑。

流程中标准化的动作，便于销售顾问的自我提醒，也便于销售管理者检查与监督。

注重细节，小中见大，对于问题的解决，要考虑制度与流程的优化。

2.设定固定的客户信息录入时段

根据销售顾问的工作情况，推荐每天两次在客户管理系统中录入客户信息：下午两点一次，下班前一次。阶段性地录入客户信息，可以保证客户信息录入的及时性，同时可以避免因过多的客户信息录入而占用过多的下班后时间，还可以帮助销售顾问建立起及时、准确录入客户信息的意识与习惯。

3.及时上交客户接待流程表

客户接待流程表包括客户需求分析表单、试乘试驾表单、价格计算单、订单，等等。这些客户接待中、后期的表单的使用，也是在提醒销售顾问及时索取客户信息。只要按照流程规范地接待客户，索要客户信息，那么很多环节都是可以查到客户的信息的，也就不用担心查不到了。

4.销售顾问正确做法

（1）添加客户微信。微信作为目前主流的社交软件，具有很多功能，包括文字交流、语音交流、朋友圈点赞与评论等功能。添加客户微信，用微信的各种功能与客户进行交流，是很好地出现在客户“生活”当中而又不会引起其戒备与反感的方式。

（2）电话回拨。通常为了避免客户信息留存错误，我们可以回拨客户电话，与客户核对相关信息。

（3）索要客户名片。索要客户名片也是一种很好地搜集客户信息的方式，名片所承载的客户信息较多，可从中延展出很多话题，也可据此探索客户的需求。

注重细节没那么难，却又非常不容易落实。在今天的汽车行业中，各家经销商店面的各项工作流程、规章制度都已经非常完善了，大家比拼的就是细节，看谁能把细节工作做得完美与精细。

“大事做不来，小事不屑做”，是很多经销商的销售人员在工作中呈现出来的一种不良现象，在当前激烈的市场竞争环境下，这是事关经销商店面生死存亡的大问题。领导者应该具备一种“挑剔”的眼光，同时要具有敏锐的洞察力，及时发现员工工作中细微的问题，并要求员工及时改正。要对事不对人，要推动团队所有成员不断地发现自己工作中的不足之处，并加以改善。

能力进阶小课堂

1.管理者要重视任何一项细节工作，要以身作则，做好榜样，这样员工才有可能做好每一项细节工作。

2.把试驾车“打扮”得光鲜亮丽，客户试驾后邀请客户与车合影，并用微信将合影照片传给客户，借此进一步和客户在微信上联系，促使交易达成。

3.销售经理要对销售数据进行每日检查，销售总监应进行抽查，确保销售数据录入与更新的及时性、准确性、完整性，从而形成真实的“销售漏斗”，便于后续进行数据分析以及对员工进行辅导。

4.销售顾问习惯将新客户的成交意向级别定得稍微低一点，以避免自己总是被领导盯着。销售经理经常调取销售顾问的历史销售数据进行分析，看看销售顾问是否在接待时将新客户的成交意向级别定得很低。要纠正销售顾问的这种不良习惯，否则，销售顾问呈现给管理者的新客户接待信息数据就失真了。

魔杖应用案例 5　立足高远才能在逆境中坚持不懈

“知其不可为而不为，贤人也；知其不可为而为之，圣人也。”绝望之中的坚持，才是最为珍贵的、最为难得的。有了这份坚持，我们就能创造奇迹，“挽狂澜于既倒，扶大厦之将倾”。有了这份坚持，我们就能蔑视一切困难，以成功者的思维去面对一切挑战。

案例故事：越是竞争环境恶劣，越需要坚持不懈

2017年10月13日，双鸭山市某汽车经销商的办公室中，新来的销售顾问于欢讲完他的客户接待经历后，销售顾问张晓颖和蒋欣笑得前仰后合。就在刚才，于欢接待了一位60岁左右的老人，老人姓董，是本地人。于欢安排老人试驾汽车，可是中途老人在试驾换乘点要求下车直接离开，理由是车子正巧到了他家附近。张晓颖笑意未消，劝于欢道：“老人恐怕是走累了，你也别太往心里去，我建议你不要录入这位老人的信息了，要是以后他三天两头地来让你送他回家可就麻烦了。”“是呀，于欢，我们知道你刚来不久，工作积极性高，可是你也得有点判断力呀。你脾气好，换成我一定当场戳穿他的谎言了。”蒋欣接着说。于欢不以为意：“我就是感觉这件事还挺有趣的，所以和你们分享一下。我总觉得老人的购车意向还是非常强烈的。”两人又被于欢的这股执着劲逗乐了：“看来我们是教不会你什么了，但是这样的客户一定能给你上一课。”两人说完，各自拿起自己的文件夹走出了办公室，留下于欢一个人坐在电脑前录入着老人的信息。于欢把自己今天的客户

接待经历详细地写在了客户接待信息登记表的备注栏中，然后用手机给老人发了一则短消息，邀请老人参加两天后店内开展的客户购车体验活动。

两天后，董老先生如约而至。虽然在活动期间他并没有选购汽车，但是他是于欢邀约至店的仅有的两位客户之一，而且他还是在活动结束后最后一个离开的客户。为了表示感谢，于欢开着自己的车送董老先生回家。在与老人的闲聊中，于欢才了解到，董老先生的儿子是一名律师，在长春工作，平时也居住在长春 ，逢年过节或休假时会回双鸭山。董老先生现在一个人生活，为了满足父亲平时代步需求，董老先生的儿子决定买辆车。董老先生负责前期的选车工作，选出一个自己喜欢的车型，董老先生的儿子在长春负责咨询价格、购车——毕竟长春的车价比双鸭山的车价还是低一些的。到了董老先生家门口，董老先生邀请于欢到屋里做客，于欢顺手帮董老先生更换了饮水机上的桶装水。

在这之后，于欢也没有过多地追问董老先生购车的事情，只是和董老先生保持着联系、认真地服务好。一来二去，两个人就熟悉了。于欢本来就是个很热心的人，再加上他觉得老人挺孤单的，所以有什么能帮忙的他绝对不含糊。在两人联系的三个月里，于欢还帮助董老先生更换过一次煤气罐，去超市买过一次面粉，平时没事的时候，于欢就给董老先生发发信息，问候一下。于欢对于长春车价低于本地车价这件事，心知肚明，但也并没有放弃，他相信：干销售工作最重要的就是坚持。

案例情境解析

1. 客户在购买过程中往往存在的心理

（1）越方便越好。

客户的需求需要销售顾问去满足，有时候客户的需求会在一瞬间显露出来。案例中，客户董老先生在试驾过程中要求临时下车，可能仅仅是出于便利性的考虑，也有可能是董老先生试探性地考查于欢的服务态度，还有可能是因为董老先生确实没有相关的购买经验。如果客户只是单纯地提出要求，销售顾问不要有什么顾虑，接纳客户的要求就好了。客户提出要求时，也是在向我们发出一种强烈的购买信号，因为只有确定购买的客户才会向我们提出要求，才会挑剔我们的服务。

（2）首次购买，认真挑选。

首次购买的客户，在购买产品时会表现得非常谨慎，这种谨慎使得他们的购买时间变得很长。但是对于销售顾问而言，短时间即可成交的客户是他们最欢迎的；对于购买时间长的客户，他们往往也就放弃了。其实，首次购买的客户很看重销售人员的细心、耐心，他们更愿意在一个较长的时间中去观察销售人员的服务性与专业性。他们通过与销售人员的长期接触，收集信息，积累购买经验，并认真考查销售人员的服务质量，去体会经销商给自己留下的印象。

2. 销售顾问往往存在的典型行为

（1）没有提前向客户说明销售流程。

一般的销售顾问，心里都希望客户最好“进门就买”，所以他们往往没有完整、规范地执行销售流程，也没有为客户提供专业的服务。而客户对于整个的购车流程是陌生的，他们不知道应该如何看车、选车，也不知道下一步应该做什么，要注意什么，而这些都应该由专业的销售顾问来向他们做出解释。

（2）挑选客户，缺乏职业素养。

案例中的另外两个销售顾问，就表现出这样的特点。她们凭借自己的销售经验，对客户的购买意向进行主观的判断，并以此为依据筛选客户，她们只希望接待处于高意向成交阶段的客户。但这样的行为既有损销售人员的职业素养，也不利于忠诚客户的培养，而且会浪费很多的客户资源。

（3）耐心细致，创造沟通机会。

这一条是针对像于欢这类销售顾问来说的。新入职的销售顾问，耐心细致的工作态度是他们的优势，面对这样的客户，更多地创造沟通和交流的机会，不轻易放弃，这才是销售顾问应该做的。对于客户的需求，于欢能敏锐察觉，并努力满足，逐渐给客户带来愉悦的消费感受。他不催促客户，而是设法营造出轻松的沟通氛围，他的良好的服务态度使客户对他产生了高度的信任感，让客户最终决定在他这里购买汽车。

销售顾问的正确思路：

传统的销售方式，片面追求产品的销量与成交率，不注重满足客户的需求，不仅效率低下，而且对经销商品牌的建立、客户关系的维护也会产生很大的负面影响。在现在的市场环境中，客户需要经销商针对他们的问题提供专属的解决方案。传统销售中的输赢观念已不复存在，取而代之的是“双赢”以及买卖双方所保持的长期、稳定的信任关系。销售顾问可以从多个方面与客户建立起信任关系。

（1）塑造专业形象。

销售顾问要具备扎实的专业知识，对于销售方面的知识和市场情况要比客户懂得更多，不仅要了解车辆方面的知识，还要了解客户选车、购车、用车等各方面的信息。足够的知识、技能储备，可以使销售顾问迅速地与客户建立起信任关系，同时也可以增强销售顾问的自信心。

（2）信守承诺。

客户经常会评价一个销售顾问“靠谱”或“不靠谱”。销售顾问必须记住自己对客户所做出的承诺。一旦做出承诺，客户就希望销售顾问能够兑现承诺。客户不会主动提醒销售顾问兑现承诺，但客户心中都是有数的。一旦销售顾问未能兑现承诺，那么客户对销售顾问的信任感马上就会消失。

（3）公正行事。

公正与诚信相关，销售顾问的欺诈行为会很快失去客户对自己的信任。销售顾问并非只是依靠语言取得客户的信任，还可以通过援引第三方的评价、国家政策、新闻报道等方式取得客户的信任。销售顾问应该小心谨慎，要确保自己所援引的材料证据的可靠性，任何微小的误导，都会使销售顾问已经建立起来的个人信誉丧失殆尽。

（4）建立客户导向思维。

销售顾问应当将客户的利益与自己的利益同等视之。客户导向的一个重要内容就是销售顾问必须满足客户的长期需求，而不是实现自己的短期目标。案例中的于欢，就是依据客户导向思维，与客户进行长期接触的，他的点滴行为，让客户觉得如果选择他的产品，那么未来在使用产品的过程中也一定是安心的。

（5）培养亲和力。

销售顾问要通过展示自身良好的商务礼仪和沟通技巧，表现出自己的亲和力，让客户愿意和自己做进一步的沟通。亲和力有助于销售顾问增强与客户之间的感情，这种感情对于未来的成交活动，也是有着很大的影响的。

案例跟进

1. 接待前的准备工作

接待客户前的细心准备会使自己信心倍增。要将自己的情绪调节到最佳状态，以饱满的精神状态接待客户。由于平时工作繁忙，销售顾问难免有情绪低落的时候，这时就需要适当调整情绪了，可与同事们沟通一下，开开玩笑，以释放负面情绪。就如上文中的案例一样，大家并不是嘲笑，只是善意地相互调侃，这样既有利于团队建设，同时也能缓解自己的压力。另外，接待客户前要对产品以及相关政策、法规、行业惯例、竞争对手的产品与销售策略等有清晰的了解。毕竟，在接待过程中，销售顾问要在客户面前展现出“顾问”的形象，这样才能够赢得客户的信任。

2. 接待流程的告知和说明

提前向客户说明接待流程是很有必要的，让客户知道未来将要发生什么，为什么要做这些事情，可以让客户感到心安，同时也能体现销售顾问的专业性和职业素养。

3. 建立客户的信息档案，确定回访时间与内容

（1）建立客户信息档案。

第一次接待客户时，如有缺失的客户信息，需要在客户信息登记表中空出，在下次与客户的接触和沟通中再做了解，及时填补缺失信息。要定期更新客户信息，切记不可疏于更改，毕竟准确信息对于成交是有利无害的。另外，要在客户信息登记表的备注中简要描述首次相遇或在接待中的特殊情景。这个好习惯可以帮助销售顾问在回访客户时迅速找到合适的话题，增加客户的好感度。销售顾问可按"姓名—性别—年龄—关注车型—特征等"的标注方式留存客户信息，例如"董××—男—60岁—速腾—很健谈"。这样一来也方便销售顾问与客户的联络，在接到电话时，避免出现不知道对方是哪一位客户的尴尬。

（2）确定回访时间。

对于自己刚刚接触的客户，销售顾问往往会在短期内较为频繁地联络客户，那么为了不引起客户的反感，要询问客户方便通话的时间以及方便沟通的方式（如电话、微信或其他），以增进自己与客户之间的关系。可在接待过程中询问客户方便通话的时间与方式，最迟不晚于第一次回访时询问客户，这也是体现销售顾问"专业性"的一个重要方面。

（3）确定回访内容。

销售顾问要根据自己所了解的客户信息提前确定回访内容，切不可只凭临场发挥。回访内容必须具有条理性，每次所沟通的事情并不只限于车辆购买，可以是自己与客户共同感兴趣的话题，也可以是客户的爱好，还可以是对客户的关怀。客户都是聪明人，即便销售顾问不是每次都提，客户也不会忘记购车这件事情。

4. 跟踪客户

跟踪客户，不局限于电话和微信的沟通，邀约客户参加试驾、试乘、上门拜访等活动，都是可取的客户跟踪方式。当然，采用哪种跟踪方式需要根据销售顾问与客户接触的深入程度来决定，就文中案例而言，热心的于欢所采取的客户跟踪方式，真实而自然，不带有功利性和目的性，"随风潜入夜，润物细无声"，不知不觉间，就取得了客户的认可。

5. 建立成交客户档案

关系密切的老客户可谓销售顾问的"金矿"了，老客户是需要长期联系的，感情不能淡，关系更不能断。可借助EXCEL、PPT来建立老客户信息档案，并配有客户照片，留作纪念也好，用来拓展客户资源也罢，这些老客户信息都将成为销售顾问职业生涯中宝贵的资源。

2018年1月初，在于欢的帮助下，董老先生顺利买到了自己喜爱的新款汽车。同年7月份，董老先生的儿子也在于欢那里购买了一辆新车。虽然在购车时，当地的车价确实要比长春的车价高出2000元左右，但在董老先生的坚持下，董家的两辆新车都是从于欢这里购买的。

通过文中的案例，我们可以得出结论：信任是交易的基石。只有与客户建立起信任关系，销售顾问才能顺利地开展销售工作，为最终的成交奠定基础。而在与客户建立信任关系的过程中，销售顾问面临的困难是很多的，有的困难甚至是看似无法克服的，但如果不去尝试，那么自己就真的被困难打败了。案例中的于欢，其实也并未太在意这个困难，而是在想：既然是做销售，就得与人打交道，那么多一些与人打交道的机会总没坏处。首先自己不能放弃，要尽可能地去努力，让董老先生感受到自己的真诚就可以了，至于结果，那都是水到渠成的事情。

做销售顾问，要有于欢这种逆境中坚持的勇气与决心。

能力进阶小课堂

在一个完美的销售过程中，要向客户传递四种价值。

1.产品价值。顾名思义，就是客户购买了某个产品后，使用这个产品解决了哪些问题，得到了哪些便利。比如，客户买了车后，不用再挤公交上班了。

2.品牌价值。品牌价值是产品的隐性价值，即给客户带来的荣耀、地位、身份等精神层面的价值。比如一个普通的包和一个名牌包，就产品功能来说，两者没有什么区别，但两者的品牌价值差距太大。

3.经销商的价值。客户在购买产品的前、中、后阶段会得到来自经销商的服务或附加产品价值。比如说，客户到某经销商的店面看车，经销商可以上门接送客户；客户购车后如果不方便来店内为车做保养，经销商的服务人员可以到客户所在地提供上门保养服务，等等。

4.销售顾问价值。其指客户购车过程中，销售顾问的服务、专业建议及以后的协助等给客户带来的价值。案例中，董老先生就是觉得整个购车过程中销售顾问于欢给自己带来了价值，所以他最终选择在于欢所在的4S店买车。

魔杖应用案例 6　集合优质资源，创造独特客户体验

客户体验是一种纯主观的，是客户在使用产品和享受服务过程中建立起来的感受，良好的客户体验有助于经销商不断完善服务。汽车行业的经销商在客户体验环节提供的服务，与其他行业还是有着比较大的差距的；客户在购车过程中，很少能够真正体验到产品的性能与魅力。客户体验至上，经销商要研究客户的需求，了解客户的特征和消费习惯，集合店面的所有资源，整合客户服务体系，从售前、售中、售后整个销售流程为客户提供完美的、独特的购车体验，全面提升客户的满意度，为后续的成交奠定坚实的基础。

案例故事：所有流程必须为完美的客户体验服务

2018年3月初的一天，某汽车品牌经销商的销售经理熊某正坐在自己的座位上打瞌睡。“春困秋乏夏打盹，睡不醒的冬三月”，用这句话来形容他此时的精神状态再合适不过了。今年的春节较晚，节前的消费高峰已过，对于汽车销售行业来讲，3月是销售淡季。作为春节后的第一个月，3月销售情况可为整个年度的销售情况定下基调，无论如何，大家也应该展现出积极向上的精神面貌。可现在，面对着展厅中寥寥无几的客户，大家好像都缺少点儿动力，似乎在内心深处不断地向自己强调：现在是淡季……

销售顾问小胡主动靠近了熊经理，有一搭无一搭地跟他闲聊了起来：“这个月看来没戏了，上个月的订单都交了，估计这个月任务是完不成了。”熊经理无精打采地回答道：“你任务完成不了，等于我的任务也无法

完成。不过你别着急，我估计这个月得有几场团购活动，我看了看咱家的库存，估计总监会给个底价，如果遇到靠谱的客户，不妨放个长线。”

小胡听到熊经理这么说，低落的情绪稍稍有了改变，他继续说道：“咱们店里的汽车价格确实给力，春节前举办的展销活动，效果非常好，我当天就成交了4个客户。那我就等您的好消息了，这几天的客户我就先服务着，记录一下信息，等时机成熟就‘收割’。”

熊经理摆了摆手，表示他同意了小胡的做法，也示意他不想再和小胡聊了，小胡也识趣地到展厅门口接客户去了。熊经理之前在另一家汽车经销商的店面上班，做的也是销售管理的工作，由于那家店这两年的汽车销量不理想，于是他决定跳槽，来到了现在的这家店面工作。

刚来的时候他非常有干劲，他带领的团队成了经销商的骨干销售团队。可是在集团的团队销售业绩排行榜中，他的团队销售业绩却比较靠后，没有为集团带来更多的利润，渐渐地集团领导对他的店面也就不怎么重视了，把更多的资源都给了集团的其他店面，随之而来的就是他销售团队骨干人员的流失。原本锋芒毕露的熊经理也变得世故圆滑了些，刚刚与他闲聊的小胡，算是他销售团队中的“老人”了，可小胡来店的时间也还不到1年。

这时，熊经理接到了销售总监的电话，让他去会议室参加第一季度的销售工作会议。他知道，销售总监也是在例行公事，于是拿着笔记本向会议室走去。

本次会议与以往的会议有些不同，销售总监直接切入主题，向大家介绍了目前店面面临的几个问题：①库存压力非常大，季度末要进行银行还款；②店面缺少竞争优势，没有核心竞争力；③今年集团会对业绩靠后的店面进行处罚。

面对这几个问题，熊经理经过深思熟虑，认为目前店面所欠缺的就是核心竞争力，面对目前的市场形势和客户的需求，在外部资源没有优势的前提下，需要更好地利用内部资源，而深化客户体验应是见效速度快、执行难度低的提高店面竞争力的最好方法。销售总监也认为熊经理说得很有道理，准备对下一步的工作重心进行调整，全面深化客户体验工作。

案例情境解析

1. 从客户的角度来看

（1）顾问式销售需求。

伴随着汽车行业的发展，特别是我国汽车工业的不断进步，汽车逐渐成为人们的日常代步工具。据统计，2019年我国民用汽车保有量已达约2.6亿辆，与2018年底相比，增加了2122万辆，增长率为8. 83%。按照三口之家计算，平均每两户居民就拥有一辆汽车。汽车行业的发展影响的不仅仅是客户，对销售人员同样产生了巨大的影响。对经销商来讲，汽车市场早已从卖方市场转变为买方市场，而顾问式销售也慢慢被客户所认同。传统销售理论认为，客户就是上帝，好商品性能好、价格低，服务是为了更好地卖出产品。而顾问式销售理论认为，客户是朋友，是与销售顾问存在共同利益的群体，好商品是客户真正需要的产品，服务本身就是商品，服务是为了与客户达成共识。

（2）客户体验需求。

从目前的汽车市场看，客户体验越来越重要。一些新能源汽车制造商甚至摒弃了销售人员的销售职能，设立体验专员，只单纯地让客户对车辆进行更深层次的体验，客户花在学习车辆使用方法与技巧上面的时间远远超过谈判议价时间。可见，客户体验在销售过程中的地位越来越重要。

（3）价格敏感度降低。

就目前的汽车市场来看，客户对价格的敏感度已经有所降低了。这得益于更为透明、开放的价格信息。客户对车辆价格考虑得更多的是预算，也就是购买价位的选择，而当客户决定好价位区间或是已经选好车型后，价格因素不会对成交结果产生决定性的影响，而且对于价格越高的车型，这种影响就会越小。比如，对于选择15万~20万元区间车型的客户而言，他们可接受的价格差距在1500元左右；对于选择20万~30万元区间车型的客户，他们可接受的价格差距就扩大到2500元左右，而产生出的差距会集中体现在服务层面。也就是说，客户会更关注销售顾问的服务质量而非汽车价格，当客户认可销售顾问的服务后，销售顾问的价值就可以用他为客户所提供的服务进行衡量。

2. 从销售顾问的角度来看

（1）需求的挖掘。

客户需求分析是销售流程中最为重要的一部分，它是深化客户体验的基础工作。如果我们没有了解客户的真实需求，不清楚客户购买车辆的痛点在哪里，那么何谈客户体验呢？我们只有充分了解客户的需求，才可以帮助客户解决他们的实际问题，让客户拥有更好的体验。而在现实的工作中，客户甚至都不清楚自己的需求是什么，如果没有专业的销售顾问对他们进行引导，客户买到的产品有可能就是自己不喜欢的，但那都已经是在购买、使用之后了，可想而知，客户的购后评价会是个什么样子。

（2）产品展示缺少切入点。

产品的配置、性能、技术参数等是需要销售顾问向客户进行介绍、说明、展示的，但如何让产品和客户产生连接，是销售顾问需要解决的一个问题。如果不能解决这一问题，那么产品展示就变成了单纯的产品讲解，缺少了客户能够积极参与的环节。这主要是由以下两个原因造成的。

① 销售顾问对产品知识掌握不充分。

销售顾问只掌握了产品卖点最基本的内容，没有去深入理解，在向客户介绍汽车的时候，想去充分表达，但是又没有对应内容，有时想让客户参与其中，却又不知如何操作。

② 销售顾问缺少客户体验意识。

销售顾问对客户进行单纯的卖点输出，将其掌握的所有车辆知识或信息全部抛给客户，认为自己给出的信息量足够大就可以满足客户的需求。他们让客户去思考哪些信息能帮助到他们，而不是去帮助客户筛选适合他们的信息，没有通过体验让客户产生真正拥有产品的感受。

（3）试乘、试驾专员与客户之间缺少沟通。

完成静态展示后，客户就进入动态展示环节，也就是邀请其试乘、试驾。这时候应该是客户情绪最高的时候，也是客户购车欲望最为强烈的时候。如果试乘、试驾专员能够在这个环节帮助销售顾问，那么后续的成交工作会变得相对轻松。然而问题是许多试乘、试驾专员与客户之间缺乏沟通，完全是带着客户走走过场，使得很多原本应该被激发出来的感受没有被激发出来，客户没有得到很好的购车体验，成交的欲望自然就没有那么强烈了。

顾问式销售从对传统的产品性价比的关注上升到对客户需求的关注。销售顾问要切实从客户的需求出发，给予解决方案，站在客户的喜好与需求角度给予建议。

传统销售遵循"客户是上帝"的原则开展销售活动。而在顾问式销售中，销售顾问与客户成了朋友，不再将客户视为被动的接受者，而是像朋友一样，与客户"分享"自己对产品的看法，从不平衡的沟通转向平等的对话。

顾问式销售不是简单地关注如何将产品"销售"出去，而是更关注如何赢得客户的信赖与认可。从了解客户需求，到中高端品牌产品说明，再到最后的成交，顾问式销售更关注如何针对客户的需求设计对应的服务内容，通过为客户提供高水准的服务，提高客户满意度，把更多的客户培养成自己的忠诚客户。

案例跟进

1.梳理销售流程，提高销售顾问接待客户的水平

销售经理与内训师要帮助销售顾问重新梳理销售流程，特别是客户需求分析，新车展示和试乘、试驾环节，并适时对销售顾问进行销售技巧方面的培训。同时，在日常的客户接待过程中，采取1名销售顾问接待、1名展厅经理辅助接待的方式，及时发现客户接待过程中出现的问题并当场加以纠正。对于在新车展示和试乘、试驾环节中应加入的体验点或体验内容，由内训师进行整理和收集，由销售经理会同展厅经理进行确认，以帮助销售顾问在销售过程中更好地介绍体验点或体验内容。比如，介绍车辆颜色或漆面的时候，提供微型显微镜让客户观察；介绍车辆轮毂的时候，让客户动手去触碰，等等。

下表列出了在客户接待环节，销售顾问可采用的对应话术。

话术目的	话术内容
确定购买角色	×××先生/女士，感谢您光临我们展厅。您这次来是为自己还是为家人看车？这车将来是谁开呢？
沟通习惯	×××先生/女士，感谢您光临我们展厅。您来之前是否了解过我们的品牌和我们公司呢？您是通过哪些渠道了解到我们公司的呢？
职业、兴趣、家庭情况	×××先生/女士，感谢您光临我们展厅。我看您收集了这么多的产品信息，您平时工作态度也很严谨吧？请问您是做什么工作的呢？
车辆的用途及需求	×××先生/女士，您现在开的是什么品牌的车？您这次为什么考虑我们的品牌呢？ ×××先生/女士，您的车平时是接送客人多些，还是和家人一起出行多些？主要是您自己用吗？后备箱里您习惯放什么呢？ ×××先生/女士，您的车一年大概要行驶多少千米？您假期会开车长途出行吗？您经常出行的路段路面状况怎么样呢？
支付方式	×××先生/女士，您考虑的预算范围是多少呢？我们现在有很多的信贷服务，您需要了解一下各种分期付款方式吗？
总结	×××先生/女士，刚才我对您的需求情况进行了了解和分析，我来总结一下您的主要需求。您想要的车应该是……（重复客户的需求），您看我总结得没错吧？根据您的要求，我给您推荐一款××型，它具有……的特点，……装备，……功能，应该是非常符合您要求的一款车了，您觉得呢？

下表中列出了试乘、试驾专员为客户讲解的体验节点，要在试乘、试驾过程中，根据路段环境，配合话术，为客户讲解各个体验节点。

试乘、试驾路段环境	客户体验节点
畅通路段	可以尝试加速，提醒客户感受车辆加速
拥堵路段	模拟日常生活上下班的驾驶过程，提醒客户关注车辆仪表数据的变化，如车辆瞬时油耗、启停系统、节能模式，等等
转弯或急转弯	提醒客户感受车辆的驾驶姿态和方向盘操作中的循迹性
颠簸路段、铁路铁轨、坑洼路段	提醒客户感受车辆的稳定性和舒适性，建议主要问询客户的实时路面反馈，不要经过这些路段后再引发客户回忆感受
坡路	上坡时提醒客户感受车辆扭矩带来的动力，下坡时提醒客户感受变速器的平稳缓降、速比分配。电动和新能源车型可以提醒客户感受车辆能量回收的过程
砂石或冰雪路段（针对四驱车或SUV车型）	提醒客户感受车辆的通过性能，建议行驶于常用路段，不建议行驶于沿海或靠近河流的路段，不要在特殊场所尝试，比如海滩、河堤等地

2.管理者要树立客户体验的观念

经销商中的管理者大部分在汽车行业工作多年，有些人的思维观念比较守旧，所以要想更好地为客户提供服务体验，管理者思路转变是前提。如果管理者对自身没有要求，不知道在销售过程中应当怎样做，那么就无法要求一线人员做好客户服务工作。所以，深化客户体验工作应该是自上而下推进的，而不是自下而上进行的，树立客户体验的观念亦如此。

3.考核销售顾问客户接待工作的质量

仅仅从精神层面重视客户体验工作依旧是不行的，经销商从物质层面也进行了相应的调整。经销商从绩效考核入手，在绩效考核时，加入了客户体验环节，也就是对销售顾问的考核项会多出一个，看看客户有没有获得更多更好的体验。每月月底考核时，对客户体验工作做得好的前三名销售顾问分别奖励2000元、1000元、500元，而对客户体验工作做得比较差的后三名销售顾问会相应地扣除绩效。新的绩效考核制度执行半年后，销售顾问的整体客户接待水平有了很大的提高，客户体验至上的观念在全体销售顾问的思想中根深蒂固，再加上管理者的重视，就算人员出现变动，销售顾问整体的客户接待水平也不会有太大的变化。

最终，销售顾问的销售技巧得到了全方位的提升，销售顾问不仅增长了产品知识，同时也能将产品知识熟练地运用到接待客户的过程中。更好的客户体验带来了更高的客户满意度，同时增加了客户留店的时长，提高了成交率，提升了销量。

客户的产品体验需要销售顾问通过顾问式营销慢慢建立和培养，如果一味地通过让利来吸引客户，那么不仅会使产品的价值和形象受损，也会使客户对产品的质量产生怀疑。如果对产品没有深入的体验和感受，那么客户对产品和店面很难建立信心。

能力进阶小课堂

1.销售顾问在执行销售流程的同时，还应该研究客户在与我们接触时的心路历程：陌生—熟悉—信任—成交—忠诚。读懂客户心理，才能明确沟通思路。

2.销售顾问对于自己所销售的汽车要有充分的了解与研究，除掌握技术参数、配置之外，还需要广泛搜集客户驾车经验和用车心得，随时准备分享给客户。

3.销售顾问应了解本地客户的爱好（比如钓鱼），并在业余时间进行该领域的研究，确保自己与客户有相同或相似的爱好，从而使自己在与客户沟通时有共同的话题。

4.销售顾问应总结已购车客户所喜欢的车型亮点，梳理出最为突出的几点，在为潜在客户做产品介绍时着重说明，相似的人群必然有相似的喜好。

魔杖应用案例 7　强化培训，打造精兵强将

有些销售顾问心态不够好，有些销售顾问工作能力不够强，因而无法克服销售工作中遇到的困难。经销商要结合自身情况，建立培训机制，制订培训计划，通过定期开展集中培训，分享成功案例，积极进行实战模拟演练，帮助销售顾问提升销售技巧和客户服务质量。对于新入职的销售顾问，要由销售经理或资深销售顾问带教，让新人尽快成长起来。经销商要通过系统全面的培训，提升销售顾问的工作能力，促使他们有效地克服困难和挑战，开拓销售工作新局面。

案例故事：有组织保障的系统化训练

2019年春，春暖大地，万物复苏，但逐渐回升的气温并没有融化汽车市场的坚冰。汽车市场不景气，整个车市极为冷清，位于京城西部的某汽车品牌经销商的日子颇为难过。这是一家有着15年经营历史的老牌汽车经销商，经历过汽车市场如火如荼的年代，曾经卖到无车可卖。销售顾问小王在这家经销商店面已经工作5个月了，去年年底通过了转正考核。他准备在2019年大干一场，可是由于基盘客户数量的不足和春节放假的影响，2019年前两个月他的表现并不是很好，销售业绩在整个团队的中下游，这给这位劲头十足的小伙子泼了一盆冷水。

这个月月初，公司新推出一款SUV车型，同时制订了新的绩效考核制度，销售顾问每卖出一辆新车，可以额外获得800元的奖励。考核政策刚一

出台，小王就做好准备了，不仅仅是为了奖励，更想在领导和同事前面证明自己的能力。为了尽快熟悉新车的各项性能，小王已经熬了几个通宵，他把新车的宣传手册背得滚瓜烂熟；对于新车的推销话术，他也进行了反复的演练，就等着在实战中大显身手了。

新车展销活动开始了，邀请的客户也陆陆续续地来店面看车了，但接下来事情的发展并不像小王想象的那样顺利。不到半个月的时间，小王接待了近三十组客户，但关注新车的客户量却并不多。经理很着急，小王也努力地向客户推荐新车，尝试着用各种方法激发客户的购买欲望，但效果并不好。更让小王意想不到的是，客户对新车的异议很多。最近，网络媒体中经常出现一些关于新车动力不足的测评言论，虽然真假难辨，但确实影响到了小王所接待的客户的购买决策。网络信息的快速传播，使得很多客户在看车过程中表现出了对于新车动力的担忧。

小王又接待了一组客户，客户的预期价格与新车的价格很接近，可是在小王进行一番推荐后，客户却认为新车的性能还需要市场的验证，同时表示新车的价格还是贵了一些。送走客户后，小王情绪很低落，他的信心受到了不小的打击，这已经不是他第一次碰壁了，期望新车销售能为事业起步助力的他，现在有点儿迷茫了。作为小王的直接领导，销售经理看在眼里，急在心头，他能感觉到小王的热情与主动，很看好这位小伙子。为了帮助小王重拾信心，他决定为小王量身打造一套适用的销售技巧训练方案，让他学会更多的销售技巧，最终提升小王的销售能力。

案例情境解析

1. 从客户的角度来看

（1）不再跟风消费。

十多年前的汽车市场，每推出一款新车，往往都会大卖。那时，客户选择的余地不大，信息获取的渠道也比较少，经销商很容易营造出一种新车供不应求的市场氛围。但是在今天，客户不仅可以通过报纸、杂志、电视等传统媒体，还可以通过微信等新媒体获取大量的信息，可以及时掌握新车各方面的动向，对汽车市场有较深的了解。另外，经过十几年的发展，客户普遍具有了较为丰富的购车经验，客户购车时不再盲目跟风，会对车辆品质、用车成本、服务质量等因素进行综合考量，之后才会做出是否购车的决定。

（2）新车价格没有优惠。

现在的汽车市场促销活动的主题词多为“优惠”“促销”，除个别热销车型外，绝大多数汽车的售价都是在厂家给出的指导价基础上给予不同幅度的优惠。客户在选车时，已经习惯看两个价格：指导价、优惠价。他们坚持认为几个月后，新车肯定会降价，到时候再买也不迟。这种消费心理也是人之常情，是可以理解的。而小王所销售的新车在价格上没有优惠，对客户没有吸引力，客户自然也就不会购买了。

2. 从销售顾问的角度来看

（1）前期准备不充分。

在新车销售过程中，虽然销售顾问也通过不同的渠道了解到新车动力不足的相关报道内容，但并没有予以足够的重视，低估了负面信息所带来的影响，也没有去预估在新车销售过程中客户的关注点和可能出现的具有针对性的异议，更没有预设好应对客户异议的话术。在进行新车的静态和动态介绍中，介绍方式、内容与其他汽车的介绍方式、内容类似，没有凸显出新车的亮点，无法让客户体验到新产品独有的特性，自然也就没有好的结果。

（2）缺少客户异议处理技巧。

客户进入店面后，往往首先会被新车型的外观吸引，对新车会有很高的期待，并向销售顾问询问新车的相关信息。但客户对新车从陌生到熟悉需要一个过程，在这个过程中，客户会提出各种异议，如果销售顾问没有很好地解决客户的异议，没有消除客户的疑虑，客户往往会做出“再等等”的决定。

3. 从管理者的角度来看

上述客户在购车时所表现出来的消费心理和销售顾问在销售工作中所呈现出来的问题，在新车上市之初是普遍存在的。而案例中经销商的管理者，没有对此做有效的预判，没有组织销售顾问总结新车的亮点，整理与归纳销售话术，没有关注网络舆情，也没有预测客户可能会提出哪些异议，更没有对销售顾问进行有针对性的训练，完全指望销售顾问现场发挥个人能力去应对各种问题。而最后的结果就是：有经验的销售顾问处理得不错，会有订单；而像小王这种没经验的新销售顾问，就会“处处碰壁”。

经销商的正确思路：

（1）针对新车销售开展店内活动培训。由销售经理和内训师负责，引导销售顾问梳理新车的知识点，明确新车的卖点，使销售人员可以更准确地掌握新产品的不同之处。另外，对价格组成进行优化，与其他产品和品牌形成差异化对比，突出新产品的特征与优势。

（2）召开新车销售座谈会。汇总每一位销售顾问在与客户沟通过程中收集到的客户异议信息，然后由销售经理和内训师总结异议类别，并编写出具有针对性的处理客户异议的应对话术。在公司微信群中推送话术，方便销售人员利用碎片化时间进行学习；也可以将话术写在卡片上，然后将卡片放在销售人员的工具包中，方便销售顾问随时查看；还可以在新车周围布置卖点话术宣传板，提醒销售顾问在接待客户过程中正确应对客户的异议。

（3）突显新车的特殊性。新车展销前，要对展厅进行重新布置与设计。新款SUV车型属于车内空间较为宽敞的车型，客户除了关注网络媒体所提出的汽车动力问题外，对新车空间大小也非常重视。对此，经销商就在展车旁边准备了一个24英寸和一个28英寸的行李箱，以便客户能直观地感受到车内的宽敞程度。同时，可将车辆内部零碎的储物空间，特别是将每个储物格贴上标签，明确地告诉客户在这个位置可以存放什么物品。最后，针对最为重要的动力问题，工作人员打开展车的发动机舱盖，将发动机数据写在旁边的宣传板上，在展厅电视上循环播放媒体的专业测评视频，以打消客户的疑虑。

（4）除了在展厅进行有针对性的静态展示外，还要进行试乘、试驾的动态展示。首先针对客户的质疑点，结合经销商的实际情况，为新车专门设计全新的试驾路线，增设一条新车可以急速行驶的路段，最大限度帮助客户解决问题。在试驾过程中，对新车的试驾环节以及体验点话术进行重新设计。在体验提速过程中，使用S挡，将油门调至3000转左右，以强有力的视觉体验让客户对新车的动力输出满意。再有就是引领客户体验车辆制动性能、弯道性能、舒适性能等。对客户进行“购车教育”，帮助客户充分认知新车的性能，为客户树立购车标准。

案例跟进

1. 提升销售顾问的销售技巧

销售顾问在向客户说明新车报价时，客户可能会询问销售顾问价格有没有优惠。那么，如何有效应对和处理客户提出的这一问题呢？下面，给出两种实用方法。

方法1：总体成本比较法

提示客户购车时不能仅仅关注购车成本和优惠幅度，还要进一步考虑使用成本、养护成本和二手车残值等因素。

项目	本品车型/元/辆	竞品车型/元/辆	成本差额/元/辆
购置成本	112800	113800	−1000
优惠幅度	0	2000	−2000
使用成本	47600	50400	−2800
养护成本	7000	10000	−3000
五年残值	−75567	−69418	−6149
成本总计	91833	102782	−10949
说明： 1. 车辆使用5年，行驶10万千米。 2. 95#燃油，7.0元/升，本品车型6.8升/100千米，竞品车型7.2升/100千米。 3. 本品车型行驶1万千米保养一次，700元/次；竞品车型行驶5000千米保养一次，500元/次。 4. 本品车型五年残值率67%，竞品车型五年残值率61%。			

其实，很多车型有着自身独特的优势和亮点。由此看来，田忌赛马式的

对比方式也是一种很有效的促销方式，将新车与其他车型做对比，突出新车的优势和亮点，可促使客户对新车产生兴趣，进而做出购买决定。

方法2：综合优惠法

在议价过程中，如果只商谈裸车价格（汽车的直接销售价格）的优惠力度，很容易让客户与其他经销商的价格进行对比，可适当增加保险、装饰、借贷等衍生业务项目的优惠，推介可以模糊价格底线，从而提升议价空间。

项目	本品车型/元/辆
指导价格	112800
裸车优惠	0
保险优惠	2000
装饰优惠	2000
置换优惠	5000
贷款优惠	3000
综合优惠	12000

综合报价一直是各经销商对比各家价格后的一种报价方式，但是请大家一定在确保价格和价值基本平衡基础之上制订价格对比方案，因为客户的价格对比维度甚至比专业人士还多，他们在购车过程中需要看很多店面，很少直接在一家店购车，不做价格对比，所以评估价格对比方案的好坏也不能脱离价值核心。包装的含义是美化，而不是欺骗。

2. 关注客户的需求

围绕客户提出的问题设计有针对性的处理方案，教会销售顾问掌握处理客户异议的思路及流程。

（1）处理客户异议的思路。

态度	流程	标准	应用
态度决定一切 正常看待客户异议 接受客户提出的异议 以积极的心态解决	缓冲 探询 解答 共识	为客户建立新的购车标准 品牌 功能 设计	将产品优势与客户需求结合 得到客户对产品的认可

（2）处理客户异议的流程。

① 缓冲。

客户有异议，说明他的情绪处于对抗状态，所以不要急于回答客户提出的问题，可以先沉默一会儿，然后从客户的角度出发，与客户交流。这样做可以为自己赢得时间，制造“缓冲”空间，缓解客户的对立情绪。先解决情绪，再解决问题，切忌一上来直接回答客户的问题，那样容易给自己带来更多的挑战。

参考话术：

a. 我了解您的想法……

b. 很多人都有和您一样的看法……

c. 我可以理解您所说的……

d. 您问得真专业……

e. 我很理解您为什么有如此感觉……

f. 这真的是很好的问题……

g. 谢谢您把这件事提出来……

h. 我也这么想过……

② 探询。

缓冲过后，客户的情绪得到了缓解。可是我们还得了解一下客户为什么会提出这个异议，要探询客户异议背后隐藏的相关信息，主要包含信息的来源和为客户带来的不利因素两个方面。

参考话术：

a. 能不能请教一下您从哪个角度觉得……

b. 您是和什么车型比较呢？

c. 有没有什么特别的原因会……

d. 是什么原因让您注意到这个问题？

e. 您选车的标准是……

f. 我能知道是为什么吗？

g. 您能举个例子吗？

h. 我能再深入了解一下您的想法吗？

③ 解答。

在充分了解客户提出异议的主要原因后，针对原因进行解答，客户关注哪个方面，你就从哪个方面进行详细的解答。

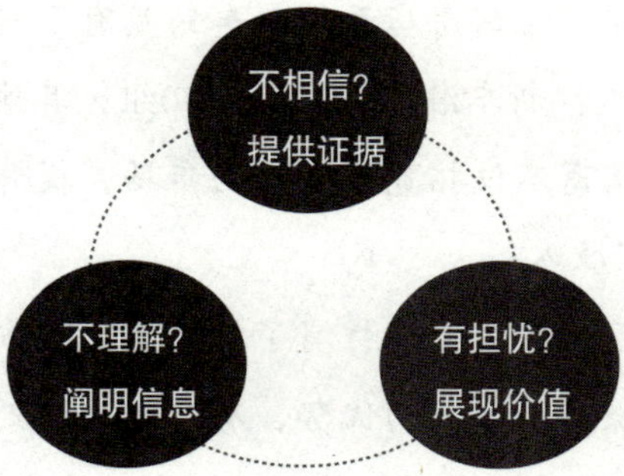

④ 共识。

确认自己的解答是否得到客户的认可。当然，就有些异议我们与客户很难达成一致，但是我们要尊重客户的意见，不钻牛角尖，尽可能找出替代办法，或者转移话题和关注点，适时说服客户。

常用话术：

不知道我的解释是否……

3. 试乘、试驾方面

为新车设计试乘、试驾路线，并且提高销售顾问及试乘、试驾专员在动态展示过程中向客户展示的技巧。

展示过程按照“四部精要”话术进行。

① 试什么。

告知客户在接下来的试乘、试驾过程中向其展示的核心车辆卖点，让客户进入到我们的销售节奏之中。

② 怎么试。

告知客户自己将使用的展示方法，让客户做好相应的准备。

③ 体会动作。

告知客户在展示过程中他应该做的事情，让客户融入试乘、试驾过程中，增加客户的体验感。

④ 认同效果。

让客户认同新车的卖点，和为其带来的绝对利益。

通过内部强化培训，经销商店面的新车销量有了明显的提升，次月新车销量同比增长超过150%，新车潜在客户新增70组，其他车型的客户转化为新车客户的达14组。经销商不仅拓宽了新车的市场，提升了新车在当地市场的占有率，同时也增加了收入。

客户试乘、试驾后，基本上都打消了对新车动力方面的顾虑，同时对于新车的悬架、制动、操控等方面的优势，有了更为深刻的了解，对新车产生了好感。所有这些都为之后的成交环节打下了良好的基础。

能力进阶小课堂

1.对客户进行“消费教育”，结合店面汽车产品的特征，帮助客户建立购车标准。

2.强调新车的优势，着重介绍新车的亮点，给客户一个“当下购车”的理由。

3.对有初步购车意向的客户，耐心地进行引导，使客户对新车产生兴趣，促使客户做出购车决定。

魔杖应用案例 8　突破困境，需要强大的组织保障

一个人、一个部门发挥的作用往往是单一的，在营销领域，某一个人、某个部门的努力是不足以支撑起整个复杂的营销组织的。就好比一场战斗中只有步兵冲锋，没有炮兵、装甲兵、工兵、侦察兵的协同配合，那么损失势必非常大，获胜的概率非常小。只有大家各司其职，相互支持，将优势资源整合到一起，集中力量向着共同的方向发力，才能赢得营销战役的最后胜利。

案例故事：整合优势资源，突破营销困境

李伟将新近上市的××品牌混合动力车缓缓地开进洗车间。车子安静得像是在滑行，低速行进时没有一点发动机的声音。李伟礼貌地嘱托着：“师傅们，麻烦你们了，这是展厅的展车，请帮忙仔细清理一下轮毂和发动机舱室。”师傅们爽快地答应着：“小伟，你放心吧，我们这个班组洗的展车，没有返工的。”工人师傅们认真地擦拭着新车。清洗过后的展车果然漂亮，完美的线条营造出光影流转的效果，烘托出车子的优雅气质。李伟满意地向工人师傅们道了声谢，将车子开出了洗车间。

进入展厅的新车通常由李伟负责开进洗车间进行清洗，他是销售顾问中车开得最稳的，业绩也是最棒的。展厅后门的通道比较狭窄，可能是设计师没有料想到豪华品牌车辆的尺寸会变得越来越大。李伟娴熟、谨慎地驾着车，通过了后门，将车开到展厅工作人员专门为这辆混动车型腾出来的位于

角落的停车位。“李伟，车头再向我的左侧偏移一点。”市场经理张涛站在车前指挥着。李伟慢慢地转动汽车方向盘，眼睛紧紧盯着张经理的手势，不愧技术精湛，在张经理喊停的刹那，车子完美地停在了停车位的中央。

展车停好后，销售顾问们围拢了上来，大家手中拿着专用擦车软布，对展车进行最后的清理。他们面露疲态，步伐涣散，似乎一天的工作激情都在下班这一刻消耗殆尽，市场状况的不景气使他们整天绷紧神经，承受着很大的工作压力。一起清理展车，是店面的规定，所以尽管疲惫，他们也都不敢怠慢，展车停好后，都纷纷拥了上来，有的清理新车内饰的塑料保护膜，有的擦拭着轮子上面附着的沙土。

张经理忙着鼓励大家，同时不忘趁着销售顾问们都在布置工作：“大家辛苦了，咱们加把劲，车子清理完毕我们就下班了，李伟将新车开进展厅。各位记得一会在各自的朋友圈发下新车的照片，毕竟是新车到店，也是我们未来销售的重点车型。各位一定不要怠慢，给你们的客户发发消息，邀请他们到店里来看看新车。”销售顾问们闻言，纷纷拿出手机，寻找合适的拍摄角度，拍摄完照片后编辑文字，按张经理的要求发了朋友圈。

每个人的拍摄角度不尽相同，但编辑的文字却基本一样——“新车上市，欢迎新老客户进店看车”等常见的宣传套话。但是，之后只有店内同事们的互相点赞，进一步询问新车信息的客户寥寥无几。一条条信息如同天上的雨点落入海中，没有激起什么涟漪。崭新的混合动力车被擦拭得闪耀夺目，静静地停在展厅的角落，数周之内都无人问津。

案例情境解析

1.从客户的角度来看

（1）豪华品牌混合动力新车没有满足客户的实际需求。大多数客户对豪华品牌汽车制造商推出的新型混合动力车抱着观望的态度，毕竟现在国内的汽车市场日趋成熟，客户也越来越理性。很多客户购买豪华品牌汽车，主要是冲着豪华品牌的光环或是豪华品牌独有的新技术来的，他们购买豪华品牌汽车也只是为了彰显自己的优越感，对豪华品牌本身并没有多少了解。在现有豪华品牌客户中推广新型混合动力车，销售前景堪忧。

（2）客户对于宣传内容不感兴趣。当今社会，信息流通速度非常快，客户搜集信息的方式、习惯、时间也千差万别。在客户看来，朋友圈中的此类信息完全可以跳过，无须过多关注，而且客户对于销售顾问发送的信息是否关注多少取决于客户和销售顾问联系的密切程度。另外，展厅内车辆众多，如果没有人做专业的介绍，客户甚至不知道角落里的那台就是新推出的混合动力车。

2.从市场经理的角度来看

（1）没有重视新问题，固执套用老方法。一种豪华品牌的新能源动力车的推广难度，其实和一种全新品牌汽车的推广难度没差别，因为当下汽车市场中，客户对新能源动力车接受度极低，不管是豪华品牌的车还是全新品牌的车，客户能买传统燃油车型，就尽量不去买新能源车型。市场经理张涛明显没有深入探究问题的本质，对于新车的重视度不够，导致新上市的混合动力车无人关注。

（2）资源调用能力弱，缺乏市场宣传的眼光。张经理完全有权利和义务将新车安置在客户第一眼就能看到的车位上进行宣传，但是新车却被停在展厅角落的车位上，客户不易发现，这对宣传、展销是非常不利的。新车上市，需要做大量的宣传工作，事先要制订宣传方案，策划宣传活动。可是张经理只是借销售顾问们擦车之际，临时交代他们发信息邀请客户来店看车、选车。而销售顾问们也只是简单地拍拍照片，随便写几句话，把照片和文字发给客户就算交差。结果发出去的信息都石沉大海，没有结果。市场经理需要洞察市场情况变化，关注大众热议内容和热点话题，如果自己工作繁忙，可以交代市场专员来负责市场工作，甚至还可以召开专题会议，集合大家的意见，制订市场宣传方案。张经理的这种“临时抱佛脚”的做法实在不可取，这是缺乏责任心的表现，也是业务能力匮乏的表现。

3.从销售顾问的角度看

（1）销售顾问对工作的效果没有关注，视野局限，缺乏上进心。其实销售团队的执行力没有问题，销售顾问们在疲惫不堪时，也能按照上级领导的指示简单行事。但被动执行与主动工作是有区别的，优秀的销售顾问会在执行上级指令的过程中去研究、总结新产品与客户之间的关系，看看新产品的哪些特质会与客户的需求相匹配，进而提炼出适当的销售话术，并在之后接待客户的过程中灵活机动地加以运用。这才是一个成熟的销售顾问的做法。而被动等待的销售顾问，往往懒得动脑，“随缘”推销产品，产品能否卖出去，完全凭运气。

经销商经常犯如下错误：

（1）盲目介入市场活动。

有些店面的市场经理，事先不对市场形势进行周密的研究、分析，盲目介入市场活动，直接搞店内活动，渲染展销气氛，结果发现市场没有反应，效果非常不明显。这类市场经理满足于“我已经做了”，而不太在意活动的效果如何。

（2）守株待兔。

守株待兔的行为注定被淘汰。通过各种途径对新产品进行宣传推广，让新产品与更多的客户接触，才是最为有效的市场沟通方式。

正确的思路：

案例中，店面管理者可根据店面自身情况，结合市场形势和客户需求，开展整合营销，对店面的人力、物力、财力等各种资源进行有效整合，整体配置店面所有资源，调动一切积极因素，全方位开展宣传活动，为新车进入市场做好铺垫，最终突破营销困境。整合营销分为两个层次。

（1）水平整合。

① 信息内容的整合。信息内容的整合，简而言之，就是实现信息的统一化。整合信息内容，有利于实现信息在客户心目中不断叠加的广告效应，加快信息的传播速率。

② 传播工具的整合，也就是实现信息传播工具的有序性和一致性。店面

开展宣传活动时，使用传播工具的过程应该井井有条，应该有专门的人员负责管理和维护，切记不可杂乱无章，而且信息发布的时间和周期都有着周密严谨的计划安排。

③ 传播要素资源的整合。这里泛指对企业中的人力、物力、财力的整合。毕竟，营销不仅仅是销售部门的任务，公司上下都应该联合起来营销。所以这种整合也可以理解为对传播要素资源的整合和利用。

（2）垂直整合。

① 市场定位的整合。针对目标客户的需求，对产品价格、宣传渠道与方式、促销手段等进行整合，使产品在目标客户心中占据一个独特、有价值的位置。

② 传播目标的整合。市场定位的确立就预示着市场目标的确立。要传播什么样的信息？向谁传播信息？宣传要达到什么样的效果？要使产品拥有多高的知名度？这些都要进行整合。有了确定的目标才能开展后面的工作。

③ 品牌形象的整合。通常情况下，厂商对自家品牌的形象都预先设定好了基调，我们需要遵循原有的品牌基调，综合协调店面的销售、宣传、服务等各项工作，借助品牌本身的影响力提升店面的形象，提高品牌、店面的知名度和影响力，帮助我们完成营销目的。

案例跟进

平淡无奇的宣传肯定不会有好的效果，那我们如何做才是正确的呢？

1.信息的整合

统一编辑信息内容，确保信息的一致性，而且尽量与店内的海报、展架上的相关内容一致。这样一来，就会让客户频繁接触到店内新车的相关信息，真正起到“吆喝”的作用，为以后的店内活动做好铺垫。与此同时，市场专员可以利用单反相机等高级设备统一采集和发送图片信息，这样效果更佳。

2.传播渠道的整合

由于不同地区对于不同信息媒体的使用程度不同，所以我们暂且不给出具体渠道，但是原则上要在影响广泛、客户利用率高的媒体上做宣传推广。同时可以配合店内的微信公众号和小程序等进行同步运营，效果会更好。甚至可以利用一些直播平台做车辆展示，充分发挥传播渠道的作用，达到宣传目的。

3.传播资源的整合

人力方面，要调动全公司的人员一同进行宣传，如在公司微信群中一起发送信息，效果会更好。至于财力、物力方面，首先建议将车辆移至客户入门处或者明显的车位处，同时根据车辆卖点，以展架、模型、地贴等方式进行卖点展示。当然这需要根据店面和品牌厂商的实际需求灵活应用。

4.市场定位的整合

此项内容如果厂商有明确指导，建议不要擅自更改，遵循厂商的指导。如果没有，可以在完成整体宣传的前提下，组织开展实质性活动，如开展环保公益活动就是一种很好的确立市场定位的方式。

5.传播目标的整合

目标通常是根据宣传效果制订的。由于动员了所有员工共同宣传，所以需要将最终结果整合在一起进行综合评定。这也是传播目标整合的目的，即让当前活动可视化。同时，实现目标的方法、技巧将会成为宝贵的营销经验，为以后的营销提供参考。

6.品牌形象的整合

建议更多地关注官方媒体发布的信息，因为很多官方媒体的宣传方式已经有了成功的固定模式，店面可以随时借鉴使用。微博等官方媒体发布的信息，通常会伴随有车辆信息、天气信息，以固定的模板向客户发送信息，效果会非常明显，而且以铺垫的方式起到了低成本宣传的作用。

对于汽车经销商而言，合理的营销方式将会有效提升店面在本区域内的影响力，再借助品牌的影响力，经销商就能较为轻松地开拓本地市场。上文中所说的整合营销其实是比较常见的营销手段之一，其优势就在于将杂乱的资源整合在一起，综合协调使用各种形式的传播方式，以统一的目标和统一的传播形象，传递一致的产品信息，有效地达到宣传和销售的目的。但是没有什么事情是一成不变的，营销模式和技巧也是随着市场的发展变化而变化的。因此，我们应该掌握的并不是所谓的“老办法”，而是灵活的思维和应对策略。与此同时，责任感和进取心还是要有的，否则，在未来不断波动的汽车市场大潮中，我们是很难应对一波又一波的危机与艰险的。

能力进阶小课堂

1.整合营销是一种将各种营销工具和手段系统化结合，根据环境进行即时性的动态修正，以使交换双方在交互中实现价值增值的营销理念与方法。整合就是把各个独立的营销工作综合成一个整体，以产生协同效应。这些独立的营销工作包括广告、直接营销、销售促进、人员推销、包装、事件赞助和客户服务，等等。要战略性地审视整合营销体系、行业、产品及客户，从而制订出符合企业实际情况的整合营销策略。

2.目前互联网的发展异常快速，通过网络媒体与客户产生更多的连接是开拓客户资源、吸引客户注意力、提高产品销量的一种有效方式。

3.通过增强客户对品牌的体验，提高客户对品牌汽车的认知，增强品牌影响力，从而使品牌在公共媒体上得到更多的客户好评，是未来汽车品牌扩大影响力的必经之路。

魔杖法力加强实战1　销售顾问工作效能诊断与分析

“效能”二字在汽车4S店面的管理体系中被看作两个部分：“效”指的是工作效率，反映的是时间的利用情况；“能”指的是销售顾问的工作方式和工作技巧。对销售顾问的工作效能进行分析诊断，需要从“效”“能”两个方面进行。

困境：你有没有分析过销售顾问的工作效能

汽车4S店面销售顾问能力两极分化，一直都是业内面对的难题。某店面为了提高销售顾问人均效能，开创了人均效能诊断与分析，帮助销售顾问有针对性地调整自己的工作方式，发挥自身优势，提升自己的销售能力。

魔杖思路与实施：应用效能诊断分析工具

1.销售顾问工作效能诊断

（1）有能力，有意愿。有优秀的销售能力，有着明确的销售或者工作目标，面对瓶颈期或者能力悬停阶段，可能会对自己的工作能力有些许的怀疑。

（2）有能力，没意愿。有着优秀的销售业务能力，但是没有销售目标，积极性不高，没有前进的动力和方向，逐渐漠视辛苦努力后收获的喜悦。

（3）没能力，有意愿。销售能力不足，缺乏销售经验，但是工作表现积极，试图达成目标，但是缺少方法。

（4）没能力，没意愿。没有销售能力，没有销售目标，主动性差，上进心不强，没有提升意愿。

2.销售顾问工作效能分析

（1）有能力，有意愿。将其树立为店内楷模、公司榜样，帮助其突破职业天花板，完成每一次的自我超越。

（2）有能力，没意愿。了解其基本需求，为其赋能，帮助他确定新的工作目标，为他带来新的挑战。

（3）没能力，有意愿。寻找具体问题点，给出明确的执行规划和工作方法，帮助其树立信心。

（4）没能力，没意愿。设置店内管理标准，比如设置销量下限，拆分接待流程，强化客户接触与接待环节，逐步实现提升；也可以设置专项培训学习组，或者采取末位淘汰制。

3.案例分析

（1）从销售工作过程管理的角度分析销售顾问的工作效能情况，销售顾问的工作意愿与工作方法的掌握情况。下表中“销售顾问工作过程管理”是对销售顾问12月份工作情况与全年工作情况的汇总。

（2）从销售工作结果管理的角度分析销售顾问工作的优缺点或存在的问题，帮助他们解决问题，达成提升工作能力和工作意愿的目标，使销售顾问的效能实现最大化。下表中“销售顾问工作结果管理”是对销售顾问12月份衍生业务开拓情况的汇总。

销售顾问工作过程管理

销售顾问	平均客户接待时长/min	平均交车时长/min	本月新增潜在客户/组	本月销量/辆	实时成交率	当前现有潜在客户/组	当前销量/辆	年度成交率	战败客户/组	战败率	客户试驾率
A	40	60	120	20	17%	1000	200	20%	300	30%	55%
B	20	60	60	15	25%	1200	180	15%	500	41%	20%
C	80	120	60	8	13%	600	80	13%	150	25%	15%
D	20	120	40	4	10%	300	28	9%	180	60%	10%

销售顾问工作结果管理

销售顾问	销售量/辆	贷款数量	贷款渗透率	精品销售量/辆	精品销售额/元	精品渗透率	保险额/元	保险渗透率	延保销售量	延保渗透率
A	20	15	75%	12	60000	60%	400000	100%	12	60%
B	15	12	80%	6	30000	40%	300000	100%	5	33%
C	8	4	50%	4	20000	50%	160000	100%	2	25%
D	4	0	0%	1	5000	25%	60000	75%	0	0%

① 销售顾问A。

销售顾问A来到该经销商的店面工作已有一段时间。他工作一直非常刻苦，他的客户接待时长属于标准时长，交车时间适中，月平均接待客户量达到了120组，效率非常高，汽车销售量达到了20辆，实时成交率达到了17%，说明他的时间管理非常细致，时间利用良好。由此可见，该销售顾问除了工作能力非常突出以外，他的工作意愿也是没有问题的。但是据销售顾问个人反映，他目前每月汽车销量很好，但是老客户转介绍新客户人数很少，甚至某月份没有转介绍的新客户，因此，月度销售率会低于综合成交率。而且现在因为客户基盘量大，导致自己的时间和精力分配出现了问题，花在维护新客户上的时间和精力较多，老客户顾及较少。从该销售顾问的工作结果管理情况来看，所有指标非常突出，说明他是有自己的销售节奏的，而且就衍生业务销售情况来看，他拥有优秀的销售习惯和技巧，这一点是难能可贵的。根据各个店面情况的不同，建议用销售顾问A的业绩作为部门人员的业绩标准，这样一方面能增强销售顾问A的信心和责任感，另一方面以他为团队榜样，可以带动团队成员共同进步。这是很简单的管理方式。

销售顾问A的提升方案如下。对于这样有能力有工作意愿的销售顾问，店面需要为其提供更多的帮助，让其突破自己的工作瓶颈。销售顾问反馈的信息非常重要，老客户维护是他工作的短板，但是由于他的时间利用达到了极限，所以建议由客服部门配合他每月进行两轮的战败客户筛选工作，筛选出那些有价值的客户，同时安排新进店的销售助理辅助他开展日常的销售工作。

② 销售顾问B。

销售顾问B是店内的老销售人员。从客户接待情况来看，他的客户接待时长过短，交车时长属于标准时长，但是他接待客户的数量却比销售顾问A少了一半，不过由于工作经验的原因，他的汽车销售量受到的影响却不是很大。通过沟通得知，销售顾问B售出的汽车，大部分是由老客户转介绍来的，所以我们看到他的月度实时成交率要比年度成交率高出很多。从客户战败率和试驾率中可以看出，他的工作重点是维护老客户，而新客户的转化出现了问题。根据他的个人能力本来可以将工作做得更好，所以销售顾问B是一位典型的有工作能力但无工作意愿的销售顾问。通过结果数据管理与分析，我们看出他的成交率没有问题，老客户为他转介绍了不少新客户，使他节省了成交时间、降低了成交难度，但是他在新增客户的接待环节“懒惰”，他的精品渗透率出现了问题。

销售顾问B的提升方案如下。店面识别出销售顾问B的工作意愿出现了问题，销售经理积极和他进行沟通，通过目标规划的方式，在肯定其工作能力的同时，帮他测算了工作能力正常发挥后的工资水平，并与其现在的工资水平进行了对比，明确给出了销售顾问B的工资损失数值，同时给出了解决处理意见，提高新客户接待工作质量，提高新客户的转化率，降低客户战败率，做好现有资源规划，同时提升衍生业务的渗透。

③ 销售顾问C。

销售顾问C是刚来店面的新销售顾问。他的平均客户接待时间最长，可以看出他的工作态度和意愿是没有问题的，而他的客户接待流程是存在一些问题的。不仅如此，他的客户试驾率较低，这也导致他的汽车成交率较低。时间管理方面，从交车过程可以看出，他的平均交车时长是销售顾问A、B的一倍，说明他对交车节奏的把控缺少方法。销售顾问C自己也说他在向客户交车时频繁出现问题，手忙脚乱，不知所措，在耽误提车客户时间的同时，也占用了自己的新增客户接待时间。从销售顾问C 的结果管理情况看，除了汽车销量需要提升以外，他的衍生业务也有很大的提升空间，他的价格谈判过程过长，这样不仅仅成交率很低，而且会影响到客户的满意度。

销售顾问C的提升方案如下。C是有工作意愿但是工作能力不足的销售顾问。销售经理首先安排销售顾问C实地观察销售顾问A的交车过程，了解销售顾问A优秀的工作方法，并联系内训师为销售顾问C做销售技巧方面的培训，帮助他提升工作能力。

④ 销售顾问D。

从各个方面可以看出，销售顾问D的主观工作意愿出现了严重的问题。销售经理在与销售顾问D沟通时了解到，在团队进步的过程中，销售顾问D看不到自己的身影，自信心受到很大打击，再加上进入店面时间不长，缺乏销售经验，销售业绩与其他同事更是无法相比，心理负担很重。每月汽车销量的波动让他难以把握销售节奏，他开始忽略客户的购买周期，使用短平快的销售方式，但是没有什么效果，业绩一直排在最后面，工作信心受到了严重的挫伤。

销售顾问D是典型的无意愿也无能力的销售顾问。他在成交过程中几乎没有生成衍生业务，成交底线也逐渐下降，不仅工作信心受到打击，薪酬待遇也受到影响，这对他接下来的职业生涯是非常不利的。

销售顾问D的提升方案如下。销售经理首先要求他提高集客量，提高客户接待质量，每天对客户进行回访。同时销售经理还帮助销售顾问D制订时间管理方案，优化客户接待流程，又联系内训师对销售顾问D进行周期性的培训，整个培训过程为期1个月。

销售顾问A是其他销售顾问学习的榜样，管理者对他寄予厚望，他信心倍增，工作更加认真，汽车销售量和服务质量得到了进一步提升。客服部所做的战败客户筛选帮他解决了时间紧张的问题，使他有更多的时间来维护老客户，老客户转介绍的新客户数量增多。销售助理帮助销售顾问A完成了部分车辆的交付工作，使他的工作效能得到了进一步的提升。

销售顾问B遭遇的情况非常普遍。对于店面老员工来说，他们的上进心和责任心随着时间的推移逐渐退化，强调理想对于激发他们的干劲效果不明显，但是为他们设定新的工作目标，并且制订薪酬激励方案，可激发他们的兴趣。这对于销售顾问B来说尤其奏效，他提升了接待新客户的积极性，加上维护老客户的技巧和成熟的谈判能力，销售顾问B将有望和销售顾问A竞争店面销售冠军。

销售顾问C的问题是缺少工作方法。正所谓“磨刀不误砍柴工”，为销售顾问C定制培训方案，同时为他提供学习机会，让他了解销售顾问A这样优秀的工作方式，以尽快提高销售顾问C的工作能力，让他跟上团队的步伐，共同前进。当然，根据店内的情况可以适度调低销售顾问C的销售指标，让他有学习和成长的机会。毕竟除了理性的判断，有时我们也需要感性的支持，以此促进销售顾问C下定决心追赶团队的脚步。

销售顾问D的情况在4S店中也不罕见。店面首先要给销售顾问D重新审视自己工作态度、提高自己工作能力的机会。销售经理一方面要对销售顾问D进行培训，一方面又要帮助他分析、查找自己工作中存在的不足之处，帮助他优化工作流程，科学安排时间，提升工作效率。可以让销售顾问D每天上交客户接待信息登记表，并且以工作日志的形式汇报自己每天的工作内容。销售经理根据他提交的工作材料，检查他的工作情况，并提出相关指导意见，帮助其改进工作，提高工作效率。相信一个月后销售顾问D的工作一定会有起色。

销售工作过程管理和销售工作结果管理是销售顾问工作状态的两个重要分析模块。不过数据虽然可以反映问题，但数据无法解决问题，真正能解决问题的还是管理人员。销售经理需要经常和销售顾问沟通，了解销售顾问的工作现状，从感性和理性两方面判断他们遇到了什么问题，有什么样的需求，并给出解决问题的方法，帮助销售顾问提升工作效能。另外，在实际的工作中，销售顾问的工作能力与工作意愿也是在时刻变化的，销售经理有义务帮助他们发扬好的方面，摈弃不好的方面。销售顾问的工作效能也正是在这样的调整中不断改善、提高的。

魔杖法力加强实战 2　提升服务质量，优化客户体验

要明确客户接待流程各阶段的目标，调动团队成员共同参与，增强各部门人员的团队意识与协作精神。在销售全流程中，均可按照多人参与的思路，设计销售话术、动作，旨在为客户提供良好的服务体验，从而展现出与众不同的服务价值。要从客户角度去审视自身的工作，多人参与，管理者介入，让客户产生一种“受到格外重视”的感觉，从而促成交易。

困境：如何为客户提供更好的购买体验

某汽车经销商，销售总监上任一年半，最近半年时间汽车销量一直不理想，店面经营陷入困境。总经理在分析现状之后，认为应该加强对销售流程的管控，因此对销售团队提出要求，希望紧抓销售流程中的细节管理，突出店面的差异化服务，为客户提供更好的购买体验，进而拉动汽车销量的提升。

魔杖思路与实施：精细化过程管理有效提高转化率

1.总经理重点关注问题

（1）客户停留时间短。

（2）客户满意度、忠诚度低。

（3）成交过程时间长。

（4）客户体验感差。

2.总经理重点关注数据

（1）客户平均在店时长。

（2）试驾率。

（3）成交率。

3.总监对市场现状的分析

客户到访的各个品牌经销商的店面，服务流程、内容同质化严重，无法给客户提供特别的关怀与个性化的服务，经销商的服务价值未能充分体现，而这种情况，在自己的店面也同样存在。因此，可在原有销售流程的基础上，增设“多人参与”的制度，通过多人参与开展差异化服务。

4.解决方案

各部门联合参与客户接待工作，明确规定服务动作、服务话术、服务流程，共同为客户创造良好的购买体验。

（1）欢迎环节。本着“创建美好的第一印象”的服务宗旨，由保安、迎宾人员、销售顾问、茶水员共同参与客户接待工作，旨在建立良好的服务印象。所涉及区域为停车场、展厅（第一画面）、客户接待区。

执行要点：

a. 针对步行客户，保安行注目礼、问好，并主动指引进入展厅路径；针对开车客户，保安主动指引停车位，并为客户拉开车门，问好后，指引进入展厅路径。

b. 销售顾问自我介绍完本名后，还应向客户介绍自己的“花名”，以便拉近距离，加深印象。

c. 茶水员向客户提供饮品清单，客户点好茶后，亲手奉上。

d. DCC 部销售顾问邀约的客户到店时，DCC 部经理陪同销售顾问共同迎接客户，并向客户赠送小礼物，对客户到店表示谢意。

（2）车辆展示环节。本着让客户产生“你重视我”感觉的服务宗旨，由销售顾问、内训经理或销售经理、茶水员共同参与客户服务工作，使客户对产品产生良好的印象。所涉及区域为展厅、客户接待区。

> 执行要点：
>
> 内训经理或销售经理适时介入车辆展示环节，为销售顾问提供支持，为客户提供更为专业的产品展示服务。

（3）动态体验环节。本着让客户产生“和你在一起很舒服”感觉的服务宗旨，由销售顾问、试乘试驾专员、保安、茶水员、客服顾问、服务顾问共同参与客户服务工作，为客户建立车辆使用周期的真实场景。所涉及的区域为试驾路线、售后参观区、客户休息区。

> 执行要点：
>
> a. 客服顾问为穿高跟鞋的女性客户提供便鞋，为客户提供清洁服务。
>
> b. 销售顾问向试驾专员说明客户对产品的需求，并要求试驾专员根据客户需求为客户提供用车体验。
>
> c. 试驾后，由客服顾问或售后服务顾问，带领客户参观售后休息区、售后参观区，让客户体验拥有车辆之后的感觉。

（4）购买决策环节。本着让客户产生“你们理解我”感觉的服务宗旨，由销售顾问、二手车评估师、销售经理、茶水员、财务人员、销售总监共同参与客户服务工作，使客户形成店面销售团队高效协作的印象，所涉及的区域为二手车评估现场、洽谈区。

> 执行要点：
>
> a. 销售顾问陪同客户共同对二手车进行评估。
>
> b. 销售经理作为“领导”，及时介入评估工作，使客户产生“你们理解我”的感觉。

（5）订购交车环节。本着创造“客户感动时刻”的服务宗旨，由销售顾问、财务人员、交车专员、客服专员、服务顾问、销售经理、销售总监共同参与客户服务工作，使客户形成“店面全心全意为自己服务”的印象，所涉及的区域为客户接待区、财务收银区、交车区。

执行要点：

a. 各部门人员共同参与。

b. 销售总监向客户致谢并询问客户对店面的整个服务工作是否满意。

5.质量监控

（1）过程数据监控：主要检查客户接待时长、试驾率、试乘率，等等。

（2）定期抽查接待录音。

（3）结果数据监控：主要检查成交率。

方案执行一个月之后，各项数据统计如下：展厅平均客户接待时长提升了13.2分钟，试驾率提升了7.1个百分点，成交率提升了5.3个百分点，议价环节平均客户接待时长缩短了9.5分钟。

在客户接待过程中，销售顾问受到个人沟通风格、身体状态、心情、自身任务完成情况以及其他事务的影响，接待质量与对客户的正确判断，无法得到充分的保障。

多人参与客户接待工作的好处在于，可从不同的角度对客户的级别、需求进行审视与判断，相互提醒，相互协助，集团队之力服务客户；稳定高效地满足了客户的需求，避免了因个人因素，导致客户的流失。而销售经理的管理动作下沉，及时介入服务过程，确保了服务的质量，同时也提升了成交的概率，降低了客户的流失率。

案例中的经销商所在店面的销售团队所采取的服务措施，都是大家耳熟能详的方法，其目的就是通过细化销售流程，给予客户更多的关注，增强客户的体验感、满意感，增加客户对品牌、经销商、销售团队的认可度，进而推动成交。

魔杖法力加强实战 3　新任销售总监的成长

新任销售总监上任，需审视自身、审视团队、审视资源、审视客户，并快速对各项工作做出新的决策；要关注下属的需求，与下属之间建立良好的工作关系；以自身专业性树立权威，引导下属养成良好的工作习惯；树立下属二级经理的主动工作意识。

困境：跨品牌调任总监的烦恼

张珊在集团某品牌4S店是一位非常优秀的销售总监，由于业绩和管理能力都很突出，被调到集团的另一品牌4S店任销售总监。集团这样安排，是对张珊的肯定与信任，张珊在年初计划中也想去集团高端品牌管理岗位发展。然而事情并非如想象中那样顺利，调任之后，张珊感到工作压力很大，过去她脸上经常挂着的自信的笑容消失了。

在一个非正式场合，张珊向下属销售经理透露了心中的感受：原本是很快乐的调任，现在看起来像是一场“梦魇”，可能是我还没准备好吧!

以前总经理看到张珊都会表扬她，还要她加油。而现在总经理见到她总是询问，问她整个店经营状况怎样，有什么计划，下属销售经理的工作情况如何，有何安排，如何激励下属，等等。总之，担心多于赞美。而调任之后的张珊实际上比以前更加努力工作，常常加班（包括给下属顶班），希望自己能成为下属们的表率，但下属们都躲她远远的，更让他感到无奈的是，二级经理常常请假。现在，张珊一会儿要给员工做业务培训，一会儿要参加各种会议，集团领导还经常召见她，弄得张珊真的不能够安心工作了。

魔杖思路与实施：寻找突破口，全面推进

1.总经理对新任销售总监的关注点

（1）是否能在新岗位坚持下去？

（2）是否能融入销售团队？

（3）是否能解决目前的工作问题？

2.新任销售总监的关注点

（1）如何有效沟通，融入新的销售团队？

（2）如何建立新的管理规定，用规则和契约对二级经理进行管理？

（3）增强自己的沟通协调能力，以及二级经理的工作能动性。

（4）合理安排自己的日常工作，让每日工作效率和工作质量都有所提升。

（5）不要让自己的强硬性格影响工作开展。

（6）分析下属二级经理所属团队和销售顾问的销售数据。

3.二级经理的关注点

（1）新销售总监是否接受他们的管理模式？

（2）如何与新销售总监进行工作沟通与协作？

（3）会不会与新销售总监有工作上的意见冲突？

4.解决方案

（1）对自身进行审视，积极了解现在店面的文化、产品、服务流程与标准，并研究客户的需求。

（2）对团队进行审视，将下属员工分成"高意愿，高能力""高意愿，低能力""低意愿，高能力""低意愿，低能力"四大类，再针对这四类下属员工实施不同的管理手段，加强对团队的管控。

（3）通过对资金、库存、返利、销量的了解与分析，掌握现在的4S店过去一段时间内销售的"打法"，并寻找可以改进的地方。

（4）通过行政部了解每一名二级经理的在岗工作情况、性格、爱好、家庭背景，及其所带领团队的员工的相关情况；通过财务部了解二级经理以及团队员工的薪资体系构成。

制订好工作方案之后，张珊决定从商务政策解读环节打开突破口。她召集二级经理开会，分析近三年来销售部销售政策的执行情况，指出因店面管理上的疏忽导致返利流失，并与大家讨论如何通过加强销售过程管理，实现返利的最大化。此次会议上，张珊用事实和数据说话，使得销售部二级经理觉得这位销售总监心思细腻、善于思考，是可以为店面、为大家带来利益的。而张珊趁热打铁，带领大家继续研读商务政策，找出了实现返利最大化的突破点，之后再与销售计划员一起检查销售计划是否有遗漏点，最后与销售部二级经理共同建立“预提返利”机制，并且将责任分解到每个人身上。

张珊通过一段时间的调整，逐渐融入了销售团队。二级销售经理看到张珊身上的优势及变化，逐渐转变了自己的态度，开始配合张珊开展工作，并逐渐养成了关注商务政策的好习惯。

新任销售总监上任，尤其是跨品牌调任，所面临的挑战是巨大的。新总监需要考虑：我希望自己在团队成员的心目中是一个什么形象？在任职之初，新任销售总监要迅速抓住“人”，了解团队当中每一个成员的性格特点、工作态度、生活需求。对于“人”的分析和了解，有助于新总监快速融入团队。新总监要对各项业务工作都有清楚的了解，提高自己的管理、沟通、计划、预测、协调等各项能力，依靠自己突出的能力和优秀的人格魅力树立权威，从而慢慢站稳脚跟。

魔杖法力加强实战 4 销售总监领导力提升的成功实践

要想组建有战斗力的高端车销售团队，增加高端车的销量，提升店面的整体盈利水平，销售总监应对新业务有着开放的态度。销售总监应通过积极的自我管理，以身作则，带领团队努力拼搏，不断开拓工作的新局面。

困境：如何突破高端车销售瓶颈

八月中旬的一个周五，B城市B店总经理张总请销售总监王总监到自己的办公室议事。不一会儿，王总监来到张总的办公室。张总着急地对他说：“昨天我去参加区域总经理沟通会，相邻的A市A店，从各项管理指标上看都和咱们店相差无几。但A店雄心勃勃，自从成立了高端车销售小组后，高端车销量一下子提升了30%。反观咱们这边，高端车的销售一直是个软肋。你能想想办法吗？”张总希望在销售部挑选几名销售顾问，组建自己的高端车销售小组，改善店内高端车销售状态，并要求销售总监在下星期一之前拿出高端车销售方案来。销售总监表示没问题，可以由销售经理小张负责高端车销售顾问的选拔工作，他目前领导的销售小组的高端车销量一直比其他组的高。

魔杖思路与实施：结合各方关注点制订高端车销售计划

1. 总经理关注点

（1）提升高端车的销量。

（2）提升高端车区域的市场占有率。

（3）利用高端车的利润点，提升销售部的整体毛利。

（4）新组建的高端车销售团队能否胜任本部门的工作？

（5）高端车的销售是否会影响普通车型的销售？

（6）高端车的销量在销售部的资金占比，提升售后部高端车的备件周转率、单车产值乃至总产值。

2. 销售总监关注点

（1）拆分原销售小组，组建高端车销售团队会不会影响普通车的销量？

（2）全年已过去大半，要重新构思销售部销售方案。

（3）做好高端车增量后的“预提返利”测算。

（4）市场部在原有基础上增加高端车的集客量。

（5）加强高端车在抖音、易车、懂车帝等平台上的曝光率。

（6）开展高端车销售团队成员的培训工作。

（7）重新制订高端车的资金计划。

（8）现阶段高端车销售顾问维系情况。

（9）如何提升高端车销售团队销售经理的工作意愿。

（10）帮助高端车销售团队提升销售能力。

3. 高端车计划员关注点

（1）目前高端车的配额。

（2）本月剩余融资额度情况。

（3）目前高端车的库存深度。

（4）分析现阶段关于高端车的商务政策。

4. 解决方案

销售总监对高端车未来的销售情况进行了详细的分析，认为如果高端车的销量能提升20%，那么销售部的综合毛利至少可以提升3%，为了确保能够实现预期的目标，由张总和自己共同对高端车销售活动实施全程管理。

销售总监召集销售部二级经理开会，讨论并制订高端车销售方案。

（1）在销售部现有的销售人员中挑选若干名有销售经验、有社会阅历的销售顾问组建团队。

（2）依据过往销售数据、集客比例以及资源投入之后增长的集客量预估库存结构。

（3）制订高端车销售计划。

（4）市场部分析店面现有客户的购买习惯、兴趣爱好等信息，构建客户画像，通过各种宣传渠道，开展高端车销售的宣传活动。

（5）二手车销售经理、信贷部经理、精品部经理依据销售部制订的高端车销售计划，分别制订本部门衍生业务产品的销售方案。

（6）委托客服部制订高端车潜在客户服务计划，做好客户服务准备工作，在未来的工作中为高端车客户提供高质量的服务。

（7）在方案开始执行后，从前台接待环节开始对客户进行筛选分流。

方案出台后，张总加强了对高端车销售团队的管理。

方案执行两个月后，高端车意向客户进店人数增多35%，高端车销量提升20%，销售部综合毛利提升2%，高端车延保渗透率提升10%，销售高端车所需费用减少了12万元。

销售总监在很多工作环节都可以展现自己的领导力，诸如推进新业务的开展，跨部门的沟通，整合营销方案的制订，等等。销售总监的工作包含了市场和营销两个方面，销售总监不仅要具备市场调研、数据分析能力，还要具备销售团队管理、客户管理、沟通、计划、执行方面的能力。销售总监要对市场和营销各个方面的工作都有一定的了解，要能够站在公司全局的角度，对各项工作统筹兼顾，协调销售团队成员整体的工作步调，推动各项工作的正常开展。